品京都

謝其濬 著

推薦序

我好喜歡在京都的自己。

如果不是那天撞見了 Vincent 這樣優美的品京都文字，馬上順手貼上日本自助旅遊中毒者的臉書頁面和網友們分享，一個東京控是不夠格在這本京都的小書上作序的！其實這僅是我一個喜歡蒐集、管理和分享日本旅遊資訊的人天天在做的事，當天湧入了約兩千人次去看 Vincent 的好文，並在臉書上引起極大的迴響。

爾後，在 Vincent 的部落格上我看到他寫的感謝函，其中有一段文字：

「這座城市，曾經在我身心俱憊的時刻，帶給我很大的療癒能量，這個說法可能有點奇怪，我好喜歡在京都的自己。」

「此刻，旅程即將告一段落，不過，行囊裡還有許多想要分享的感受和體驗。會繼續書寫京都。沒有道理，只是非這麼做不可而已。」

哇，這是一個怎樣對京都有深刻感受的朋友啊！

短短數月過去了，沒想到Vincent已然將心愛的京都匯集成冊了！他說，我曾經給了這系列關於京都的書寫很大的鼓勵，真是愧不敢當啊！雖然我前後也造訪了京都五次，不過我是個城市小孩，對高樓夜景著迷的旅館控，京都的氣質，和現代多變的東京迥然不同，迷戀東京的我，對京都總有不能融入之感。不過連我看了書，都會有「嗯，再去一趟京都吧！」的感覺。

書寫京都的人有很多，但Vincent是非常特別的一位。不需要多溢美的文字，翻開書一觀，你就感受的到。

嗯，再去一趟京都吧！

日本旅遊中毒者　林氏璧

夏天慢慢地進入最後幾個小節，揮別殘暑，贅沢の秋就要來臨了。

靜靜地讀著其濬的《品京都》，彷彿回到那年京都桂川的仲夏，坐在長廊一隅，喝著宇治「中村藤吉」抹茶，靜謐沁涼，恬淡幽遠。

其濬筆下的京都，總讓我回想起ＮＨＫ「美の壺」節目，雅緻清逸，隱而不揚，蘊含有氧的詩意。尤其，意外的是他鏡頭下的京都，古寺、庭園、楓紅、小景，也別有韻味。

穿梭古今，有著千年景深的京都，電影就要開場，邀請你一起欣賞「京都隱」的緩慢美學。

日本美學創意觀察家　蒼井夏樹

從事二十年的攝影創作，與其濬認識也將近十年之久。他的文字創作遊走在感性與理性之間，字字語彙裡有著細膩的觀察，讀過他的文章總是能在心中浮現一幅圖像，筆下的人物與景物總是讓人感受到生動的故事，將時間凝聚在某個時空，恰似攝影捕捉了瞬間。

這是文字的力量，忙碌的現代人已漸漸失去看書的耐性，更別說花上一年以上的時間來寫作。兩年前才與其濬談到他到日本深度的探訪，種種的美與精緻文化保存吸引了他，沒想到他的筆已經動了起來，兩年來的積累終於開花結果，期待他創作下一個京都。

影像工作者　許培鴻

前言

為什麼要品京都？

作家酒井順子曾經撰文提到「京野菜」的魅力，不論是聖護院的白蘿蔔、金時的紅蘿蔔、加茂的茄子，凡是只要掛上「京野菜」的招牌，吃起來就是特別美味，即使市價會比一般蔬菜來得昂貴，也會覺得非常值得。

酒井順子認為，「京」就是品牌，任何事物只要貼上「京」的標籤，立刻就變得閃閃發亮，不只是外國人，即使是日本人自己，對於「京」的迷戀，都是無可救藥。像她，即使知道這只是「品牌迷思」，到了市場，還是不免要買把京都出產的九條蔥回家。

「京」的品牌力究竟從何而來？我覺得，即在「感」一字。

感，是感覺、感受，也是感動，是人跟這個世界建立互動，然而，現代人的生活中，不論是感覺、感受，或是感動，都像是陸地上曝曬陽光的水母，無聲無息地，逐漸乾涸。不知不覺中，我們跟世界的聯繫斷裂了，於是覺得很孤獨，一個人如此，一群人也是如此。

京都提供的「感」，很豐富，尤其是「歷史感」，以及「季節感」。

「歷史感」，不只是感覺古老，而是體認人生在時間長流中的短暫，還有盛衰相生的歷史輪迴。京都有著千年的「景深」，當你從如此遼闊的時空格局，去看自己當下的處境，多少會帶來某種釋懷與了悟。

「歷史感」，也是來自人的風景。京都是一處歷史舞台，從天皇、權臣、武將、高僧，到文人、茶師、畫家、藝匠，太多人物在這裡搬演過他們的人生，我們總是能從他們身上，看到自己有著類似的人性，好或壞，明或暗，而能夠更深刻地省思我們生而為人的價值。

而「季節感」，也就是春櫻、夏綠、秋楓、冬雪，則讓人重新回歸到大自然，感受其中生命的力量。「季節感」強調的也是「變化」，日照的長短，溫度的升降，草木的生長與凋零，都是「變化」中的一環，也因此，每個季節的京都，甚至是每天的京都，都有不同的風貌。

即使對京都一無所知，愛上京都也是容易的。

但是，當我身處京都時，卻不禁思考，如果能夠從「歷史感」和「季節感」切入，再深入瞭解京都一點，旅程就不再只是浮光掠影的印象，而會有更多的感覺、感受與感動，而這些點點滴滴的「感」，其實會為我們帶來很大的療癒力量。

因此，我心中浮現了「品京都」的概念，既是瀏覽自然風景，也是品味人心的風景，然後，重新問自己，我們希望這一生，要走在什麼樣的風景之中。

目次

歷史的劇場

庭園的密碼

佛像的低語

時代的映畫

美術館散步

平安風流

私房感官

印象詩

京都水物語

京都の水

起程去趕飛機之前，我想再去鴨川河畔散步一次。

坐公車在河原町通下車，穿過逛街的人潮，直抵四條大橋，眼前展開一片開闊的河景，是鴨川。走下橋邊的斜坡，我沿著河岸漫步。

京都有兩大河川，左京是鴨川，右京是桂川，而鴨川與京都人生活最貼近，這裡不是觀光景點，而是市民平日作息的休憩場所。我在散步途中，不時看到有人騎單車、慢跑、溜狗，至於傍著河岸而坐的身影，有人情話綿綿，也有人沉默獨坐，每個人都有屬於自己的河岸風景。

突然發現前方河面出現一排踏腳石，從這岸排列到對岸，看河水尚淺，我便踩著石頭，來到河中央，迎著帶著水氣的清風，我不經意地抬頭，天際居然是一片溫潤的水色，天水共一色，彷彿我只要將手伸向天空，就會感覺涓涓清流從指縫間流過。

京都，是水做的城市。

除了鴨川和桂川，京都還有高野川、白川、山科川、宇治川、木津川、高瀨川、小畑川、堀川、天神川、御室川等河川，以及日本最早的水利工程「琵琶湖疏水」；而地下水資源也十分充沛，號稱是「京都三名水」的染井、醒井、縣井之外，貴船神社有「御神水」、白峰神宮有「飛鳥井」、「錦天滿宮」有「錦之水」，伏見更因為有知名的「御香水」，成為京都的酒鄉。

由於擁有良好水質，直接受惠的就是京都的飲食文化，除了酒，豆腐、野菜、和果

子、漬物、料理等，都因為有好水，而變得更為美味。至於京都傳統工藝品「京友禪」，也是在染色之後，放進鴨川水流中漂洗，便能顯現出鮮豔華麗的色澤，只是因為近年來河川污染問題，已改於別處進行漂洗。

如果只能舉一件事物象徵京都之美，我的首選是「庭園」，而水，即在庭園中扮演關鍵角色。

庭園之水，其一是池。日式庭園主要分三類，有池的庭園，通常稱為「池泉庭園」。在空間上，池可以營造出「繞」的遊園動線；在視覺上，池水可以倒映岸上風景，豐富觀賞的層次。知名庭園如平等院，更是以池象徵佛教中的極樂淨土。

其二是瀑布，多為三段式瀑布，除了模擬山林溪谷的幽靜氛圍，也可以為庭園帶來「音響效果」，而且還有「魚躍龍門」的涵義。

其三是手水鉢。日本的神社和寺院都有手水鉢，作為參拜前淨化之用。隨著茶道文化的發展，配置茶室的庭園，稱為「露地庭園」，茶室入口處，也一定設有手水鉢，讓來客洗手漱口。

庭園中的池水與瀑布，主要功能是觀賞，而手水鉢裡的水，則是直接用來洗滌我們身心塵埃的京都水。

關於京都的水，我還想到了雨。

在京都的日子，晴天多，雨天少，不知何故，我對雨天的印象特別深刻。

雨天，通常會為城市帶來「陰翳感」，對京都卻是恰到好處，在雨中撐起一把傘，冷冷清清，寂寂寥寥，時間變得更緩慢，空間變得更透明，突然間我有種錯覺，如果在長巷深處，回頭，或許會看見和自己有過前世約定的那個人。

在京都，雨中很美，雨後更美。我曾經在雨後的庭園散步，地面上的沙土飽含水分，走起來沙沙作響，雨水洗過的松樹和青苔，更顯青翠，松葉末端綴著晶瑩水珠，平添視

覺上的清涼感，這時候，若是還能看見天上的濃雲中，隱約透出一抹蒼白的月色，已經非常接近「暮靄沉沉楚天闊」的意境了。

還有夜雨。偶然夜裡醒來，聽到斷斷續續的雨聲，時長時短，全憑聽覺勾勒雨珠在夜空中落下的畫面，想到千年之前，同樣的雨夜，也有人因雨聲而醒來，他也揣想著夜空中的雨，那一刻，我體會了所謂永恆。

京都療癒力
京都の祈

川端康成的名句：「穿過縣境長長的隧道，便是雪國了。夜空下，大地一片白茫茫，火車在信號處停止了。」在我眼前，也有一條長長的隧道，濃郁的朱紅色，朝深處望去，光線幽暗，看不到盡頭，而我在入口處停了下來。

這是京都南方，伏見稻荷大社知名的「千本鳥居」。

日本有所謂的「稻荷信仰」，即對農耕神的崇拜，祈求賜予五穀豐收，全日本據說有三萬座稻荷神社，而伏見稻荷大社即為大本營，有一千三百年的歷史，「千本鳥居」是一大特色。

鳥居，造型如門，也有門的概念，代表神域和人世俗域的交界處；跨過鳥居，就代表你進入神域。從江戶時代流傳下來的習俗是，當你在稻荷大社許願，若是願望達成，就必須捐贈一座鳥居還願。

「稻荷信仰」原是農業社會的信仰，後來則在各行各業都受到歡迎，凡是跟現世利益有關，稻荷大神都會幫你心想事成，難怪還願的鳥居，數量可以多到形成長長的隧道，途中還一分為二，發展成兩條較小的隧道，場面十分壯觀。

在大太陽底下，「千本鳥居」通體豔紅，貴氣逼人。但是我造訪稻荷大社那天，卻是雨天的黃昏，上千座紅色鳥居連結的隧道，不知怎地，看起來有點陰森，而且遊客不多，走著走著，居然心生想要逃離的念頭。

這也難怪了，每一座鳥居都代表一個欲望，當時的我，身處在成千上萬的「欲望」之中，當然會覺得透不過氣來。

一般人對京都的印象，就是「廟」多。

日本民族的宗教信仰，從最初的自然崇拜，到後來的佛教普及，反映在京都人文資產上，就是數目龐大的神社和寺院。

網路上流傳的數字是，在京都，神社有三百處，寺院更多達一二〇〇座。光是京都擁有的十七個世界文化遺產，除了二條城，其餘不是神社，便是寺院。初遊京都的遊客，在安排行程時，會發現不是去神社，就是看寺院，難免懷疑自己參加了「進香團」。

對於京都人來說，神社和寺院並不只是「觀光景點」，路過神社時，在鳥居前拍手，行經寺院，在山門下合掌，已經是日常生活行事的一部份。而神社和寺院，也形成京都獨特的「祈之美學」。

雖然同屬於信仰的場域，神社和寺院參拜的方式不盡相同。

進神社參拜前，必須先到「手水舍」洗手，代表除穢，標準動作是先以左手舀水，清洗右手，然後漱口，最後再清洗左手。完成除穢，再穿過鳥居，若是「手水舍」位處鳥居內側，穿越鳥居的動作，即代表除穢。

站在本殿前，先丟香火錢，搖鈴，行禮、拍手兩次，然後進行祈禱。若是還願，則在祈禱之後，再行禮一次。

進寺院參拜，則是先進「山門」，再到「手水所」除穢，和神社不同的是，寺院有香爐，可以焚線香、供奉蠟燭，在本堂參拜時，則沒有拍手的動作。京都許多寺院都有庭園，參拜神明之後，你還能親近大自然，體會人和天地萬物之間的和諧關係，因此，京都的「祈」，也有安定人心的療癒力量。

除了神社和寺院，京都最平易近人的「祈」，則是「地藏桑」。「地藏桑」是京都人對地藏菩薩的暱稱，代表蘊藏大地的力量，拯救世人的苦難，在日本民間主要扮演孩童的守護神，京都市內的街道角落，就經常能看到「地藏桑」。「地藏桑」有著小和尚圓滾滾的造型，京都人甚至還為祂們穿上圍兜、戴上毛線絨帽，更顯可愛。據說，這其實是家中有嬰孩夭折的父母，將孩子的名字和生辰寫在這些衣物上，既然今生無緣，只能寄望「地藏桑」能代為好好照顧。

「祈」，即祈求，一種是追求現世利益，稻荷大社的「千本鳥居」是一例，還有一種，則是像「地藏桑」，代表著連死亡都無法割捨的親情。

伏見稻荷大社

地址：京都市伏見区深草藪之内町 68 番地

交通：搭京都市巴士南 5 號，在「稻荷大社前」下車。

http://www.horyuji.or.jp

京都幸福感

京都の憩

走路走得有點筋疲力竭時，就想坐下來喝一杯咖啡。就像大多數的城市，京都的街頭也是咖啡店林立，而我走進了這家「スマート（即 smart）珈琲店」。

類似台北的「明星咖啡館」，「スマート」也是以懷舊氣氛取勝。這家店創立於一九三二年的昭和時代，最初是供餐的食堂，戰後轉為咖啡廳。至於店名的淵源，則是 smart 一字，有「時髦」的意思，希望能藉此吸引時髦人士上門光顧。

時至今日，懷舊倒是的確成了一種時髦，在「スマート」喝咖啡，年長者是緬懷往日時光，年輕者則是體驗舊時風情。店家也順勢在二〇〇三年的秋天，將一九六〇年代所使用咖啡杯，製作成復刻版，杯面上是一對情侶對飲咖啡，推出後大受年輕女性的歡迎。

作家木村衣有子形容，身處「スマート珈琲店」的「復刻」氛圍中，便覺得往事紛紛浮上心頭，身為旅人的我，沒有這麼多記憶的糾結，只覺得在這裡喝咖啡、吃淋上蜂蜜的煎餅，偷閒片刻，有一種寧靜的幸福感。

在京都，經常覺得自己很幸福。

其實，並非什麼奢華的享受，可能只是在木屋通町散步、逛逛錦市場、到惠文社一乘書店看書，在京都車站的果汁吧站著喝完一杯綜合果汁，心中當下便發出感嘆：「今天過得挺不錯的！」

日文中有種說法——「間は魔に通ず」，原意是指在歌舞伎表演時，若能精準掌握拍子與拍子、動作與動作、唸白與唸白的間隔時刻，形同擁有舞台表演的魔法。把生活看成一場戲，如果我們懂得經營其中的「間」，就不至於惶惶度日，而每天都有值得回味之處。

生活中的「間」，就是「憩」。

「憩」，是停下來，利用短暫的片刻，放鬆緊繃的神經，獲得重新出發的力量。京都經常被看成具有療癒效果，即因為這座城市提供了絕佳的休憩空間，既有鴨川、桂川的水岸風光可以駐足，又有神社、寺院可以安頓身心，春日可賞櫻，秋季可賞楓，更別說四季隨時供應的美味料理和精緻土產（美食和購物本來就是休閒娛樂的兩大重點）。

京都作家柏井壽認為，京都人重視「憩」，有其歷史淵源。他的理論是，京都過去長期處於戰亂的狀態，人與人之間，難辨是敵是友，為了打探對方底細，有必要停下手邊的工作，跟對方進行簡單的對話，試探對方的來歷和意圖，久而久之，京都人說話便趨向謹慎委婉，也逐漸形成了「憩的文化」。

身處現代的京都，雖然沒有「探底」的必要，還是值得隨時停下來，給自己一個「憩」的空檔，若是還能像作家舒國治所說，什麼都不做，只是閒晃，更是莫大的幸福了。

在京都，讓我留下最美好難忘的「憩」，是「古書と茶房　ことばのはおと」。藏身在小巷子的古書茶房，建物本身就是座日本老房子，門面很小，僅掛著暖簾，一個不留神，很容易錯過。到古書茶房，不像是光顧店家，而是拜訪某個朋友的家。整個空間的佈置，也的確像是個家，屋子裡滿滿的書、雜誌，以及各種你會擺在家裡的小擺飾，通往洗手間的路上，還有一座美麗的小庭院。

不過，最讓我感到窩心的，則是主人的「待客之道」。因為我到達時間稍晚，午餐已經賣完了，只能選擇咖啡和蛋糕，年輕的老闆不斷地道歉，我離開時，他又再度道歉了一次；點餐後，老闆並不急著上餐，故意留下空檔時間，讓你仔細欣賞屋子裡每個角落；為我送上餐點後，為了避免打擾，鄰桌客人留下來的餐具，他也不急著收，直到店裡養的貓抓著門、咪嗚咪嗚地叫著，老闆娘才過來問我介不介意放貓出來，還特別提醒：「屋子裡可以拍照哦！」

在簡短的互動中，我可以感覺到，對方不只是把我當作用餐的「消費者」，而是「客人」，並且能夠「賓至如歸」。

我從書架上抽出幾期已經買不到的《KU：NEL》，那是我非常喜愛的生活美學雜誌，我靜靜地閱讀，偶爾望著蜷縮在屋子角落的貓，比起任何的大山大水，那樣的畫面，才是旅途中最美的風景。

スマート珈琲店
地址：京都市中京区寺町通三条上る
交通：從京阪三条車站，徒步約五分鐘；或是搭地下鐵東西線「京都市役所前」站下車。
http://www.smartcoffee.jp/

古書と茶房　ことばのはおと
地址：京都市上京縣油小路通下長者町ル大黑屋町 34
交通：搭京都市巴士 9、50 號，在「堀川下長者町」下車，徒步約三分鐘。
http://www.kotobanohaoto.net/

京都の豔

紅葉時節，造訪東福寺。

通往山門的路上，會經過一座木橋，隔著山谷，可以眺望對面和寺院相連的通天橋，這般地形，簡直像是為觀光客提供最佳的拍攝角度。

眼前展開一片落英繽紛的景色，光是紅色，濃、淺、深、淡，層層疊疊，加上黃與綠助陣，宛如一場色彩的閱兵儀式，眼睛來不及分辨，只好先讓相機鏡頭一網打盡，我忙著按快門的同時，心裡不禁驚嘆：真是美得不真實。

京都的豔，正是色彩之美。即使離開京都，閉上眼睛，彷彿仍能看見古都中那流動鮮麗的色彩。

京都紅。

楓紅。牆角的彼岸花。稻荷神社的鳥居。深夜小巷居酒屋的紅燈籠。

印象最深刻的京都紅，是寺院的茶席，綠地上，搭起了紅傘、席上鋪著紅布，坐在茶席上喝抹茶、吃和果子，那濃郁的紅，看久了，竟感到幾分妖豔的氣氛。古時京都有「百鬼夜行」的說法，我身處紅傘、紅席之間，恍惚覺得，喝完這碗茶，我就會看見另一個世界在身邊浮現。

京都白。

櫻吹雪。藝妓的粉頸。鴨川上的白鷺鷥。平安神宮繫在架上的白色籤詩。可以讓我百看不膩的京都白，是枯山水。當然，枯山水的白，不只是白色，也是空間上的留白，還可以代表河川、大海等水的意象，甚至是形而上的「虛」。枯山水的白是一個括號，你可以填進一切你認為存在於那裡的事物。

京都金。

金閣寺。三十三間堂的一千零一座金色千手觀音。二條城狩野探幽的障壁畫。京都國立博物館中的肩輪車蒔繪螺鈿手箱。

黃金代表了富貴和權力，金色通常也用來炫耀、自誇，在沒有電力照明的時代，金色甚至有反射光線的功能，因此，京都幽暗的寺院本堂，或是貴族起居室的四壁，經常貼有金箔。谷崎潤一郎就說，在光線不明的場所，金光閃閃的事物無法一目瞭然，反而可以因為時間的不同，細細地欣賞每個部位的曖曖內含光。

京都紫。

三寺戶寺的紫陽花。平安王朝貴族的衣袍。尾形光琳的燕子花屏風。西本願寺的紫色布幔。

京都紫，經常跟植物有關，藤色、杜若色、紫苑色、桔梗色，都是直接將花的名稱用來為某一種紫色命名。我喜愛連城三紀彥寫的中篇小說《夕萩心中》，特別去了京都的萩花名所梨木神社，原來萩花分白色、紫色兩種，梨木神社的萩花以紫色為主，花朵比我想像中的細小，綴在枝條上，像紫雨，也像是沾上胭脂的眼淚。

既然有大自然做了最佳的示範，京都人對於生活中，凡是吃的、穿的、用的，幾乎是以作畫的心情在製作。我吃過一款知名老店「俵屋吉富」的和果子，楓葉造型，將紅、

綠、黃非常優雅地調和在一起，算是把「色誘」的藝術，發揮到了極致。

京都還有一豔，藝妓。不巧的是，我在京都的日子，總是沒機會遇到藝妓，只有一次，我坐在公車上，看到街上有一名藝妓走過，匆匆一瞥，沒看清楚她的模樣，只記得她一身醒目的柳綠色。

然而，正是因為僅是一瞥，反而為那抹柳綠色，平添了很多想像的空間。

園藝似乎是京都人共同的興趣，家家戶戶都在門口的方寸之地，養花蒔草。木製老房子，門面通常是黑黝黝的，襯著紫色的朝顏、紅色的朱槿、白色的繡球花，好看極了，一條街走下去，除了賞心悅目，那花草的佈置、生長的榮枯，隱約又透露了門內主人的個性。

這般風情，才是最縈繞我心的京都豔色。

歷史的劇場

法隆寺

尋找飛鳥時代

法隆寺不在京都，在奈良西北部的斑鳩町，從京都出發，需要先搭ＪＲ，再轉公車，大約要耗費一個多鐘頭。

法隆寺不是特別熱門的景點，觀光客不算太多，但是這座寺院卻是理解京都歷史和文化時，一個重要的起始點。

前往法隆寺的路上，我想像自己搭乘著時光機器，前方的跑馬燈以一種回溯歷史的方式，顯示著不同的「站名」：平成時代、昭和時代、大正時代、明治時代、江戶時代、戰國時代、室町時代、鎌倉時代、平安時代、奈良時代，最後，來到了飛鳥時代。

（當然，還可以繼續往前走，從古墳時代，一直回到舊石器時代，那又似乎走得太遠了。）

法隆寺，是飛鳥時代聖德太子所興建的寺院。

在日本歷史上，有一個非常特別的角色，叫作天皇。

天皇地位崇高，被視為賦有「神性」，他是一國之君，但是從鎌倉時代，幕府將軍崛起，成為政治舞台的重心，天皇的身影似乎就隱退到幕後，直到江戶時代宣告結束，大政奉還，明治天皇才再度掌握國家的統治權。

早期沒有「天皇」這個稱號，政治首領被稱為「王」或「君」，後來叫作「大王」，大約是西元七世紀，由聖德天子頒布冠位十二階，以及憲法十七條，奠定了王朝的體制，當時受中國儒教文化的影響，把「大王」改為「天皇」。

不過，聖德太子本身並沒有擔任天皇，當時的天皇是推古天皇，是位女皇帝，她立

外甥聖德太子為皇太子，負責輔佐天皇攝行朝政。

聖德太子所開創的時代文化，稱為「飛鳥文化」，有兩個重要特徵：其一，是以佛教為中心；其二，是帶有國際色彩。

因此，鑑賞由聖德太子所興建的法隆寺，這兩個特徵也成為最好的切入點。

法隆寺，是日本早期佛教寺院的代表之一。佛教建築，有所謂的「伽藍」，也就是建築物的配置，這也影響日本空間美學中，很重要的「組合」概念。

完整的「伽藍」配置，包括了門、金堂、講堂、經藏、食堂、塔、鐘樓。「伽藍」就像「套餐」，根據寺院的規模，或是一應俱全的「豪華餐」，或是小而美的「經濟餐」，隨著時代演進，組合的方式也有「一塔三金堂」、「一塔一金堂」、「二塔一金堂」等變化。

法隆寺分西伽藍和東伽藍，主體在西伽藍，以迴廊包圍，南有中門，東有金堂，西有五重塔，北有講堂。至於東伽藍則是以聖德太子居住過的班鳩殿所改建，內有八角型建築「夢殿」，安置著以聖德太子為造型範本的救世觀音像。

據說，「夢殿」長達兩百年處於門扉深鎖的狀態，僧侶們相信，如果打開「夢殿」的門，將遭到神靈的懲罰，會帶來災難。一八八四年，美籍東洋美術學者費諾羅薩（Ernest Fenollosa），與日本美術史學家岡倉天心，在明治政府的支持，打開了法隆寺的「夢殿」，僧侶們擔心大難臨頭，紛紛往外逃生。

在百年塵埃中，費諾羅薩打開了包著佛像的五尺白布，深鎖在「夢殿」中的救世觀音像，終於重見天日。

「韓流」，不是新鮮玩意。聖德太子在他的時代，除了積極向中國取經，也跟朝鮮半島密切交流。

事實上，西元六世紀半，佛教正是從朝鮮半島上的百濟國傳入日本，對於原本「自然崇拜」的日本人，那是異國來的神，佛像也是來自朝鮮半島的「舶來品」，由於小型的金銅佛攜帶方便，最易運送過海，在當時非常受到歡迎。

朝鮮來的佛像，受到中國南北朝的影響，線條簡單，不強調「肉體感」，身形和臉型都偏向瘦長，杏眼，嘴角帶著微笑，有點仙風道骨的味道。法隆寺的釋迦三尊像，是日本佛師久利的作品，就是走這種「韓系」風格。

法隆寺還有一尊百濟觀音像，也是瘦長的朝鮮樣式，更特別是，鼻子高而挺，東京藝術大學教授布施英利特地將百濟觀音像，跟希臘巴特農神殿的女性雕像做對比，相似度居然極高，如果不是巧合，就是那個時代的「國際交流」遠超乎我們的想像。

在秋天的陽光下，瞇著眼注視著法隆寺的五重塔，是那麼確實地聳立在面前，事實上，不論是聖德太子，或是法隆寺，都有很多謎團。

聖德太子是日本歷史上的傳奇人物，但是從二十世紀開始，便有很多人懷疑，聖德太子其實並不存在，他是被捏造出來的虛構人物，不過，斑鳩宮文物出土後，確認史上的確有這號人物，只是關於他的諸多傳說，很多是後人的增添潤色，未必是聖德太子的真實面目。

至於法隆寺，最主要爭議則是現存的「伽藍」，究竟是原建，還是重建。史書《日本書紀》記載，西元六七〇年，一場大火將法隆寺燒得精光，現存的法隆寺已非當初原始建築，而是後人重建。

但是有學者認為，根據現存法隆寺的建築樣式風格，以及所使用的基準寸法，應該是當初的原始建築，史書的記載有誤，不過，還是有學者相信，法隆寺絕對是後人重建的產物。

日本哲學家梅原猛不但認為法隆寺是再造，甚至語出驚人。他認為，「夢殿」的八角造型非常類似「靈廟」，而夢殿所供養的救世觀音像，和金堂的釋迦牟尼像，身上都有不尋常的釘子痕跡，非常類似奈良時代為了詛咒、在人偶身上打釘子的作法，大膽論斷法隆寺的再建，目的是為了要封鎖住聖德太子的怨靈。

這樣的觀點，似乎又為聖德太子無比正面的形象，投下陰影。

法隆寺是重建，還是再建？聖德太子究竟是天縱英才，還是後人的想像？歷史已如「飛鳥」，消逝在雲間，而我只能憑藉一片羽毛，想像它完整的樣子。

法隆寺

地址：奈良県生駒郡斑鳩町法隆寺山內 1-1

交通：從京都搭 JR 奈良線到「法隆寺」站，再搭巴士在「法隆寺門前」下車。

http://www.horyuji.or.jp/index.htm

東大寺

大佛與小鹿的百年孤寂

奈良，很魔幻。

奈良古稱平城京，在恒武天皇遷都平安京（京都）之前，天皇的王朝設在此地，因此又稱奈良時代。

對於現代人來說，奈良位處京都近郊，但是，對於奈良時代的人來說，奈良是中心，京都才是外圍。說京都是「古都」，奈良更瀰漫了讓人不知今夕是何夕的恍惚感。

奈良，有鹿。

奈良的鹿，就在春日大社、奈良公園、東大寺一帶，約一千兩百多匹，不是關在籠子裡，而是隨意在路上行走。奈良的鹿很貪吃、很現實，你手上有鹿餅，牠們馬上圍過來，吃完立刻甩頭離開。你舉起相機要拍照，牠們絕不給面子，身子扭來扭去，就是不肯乖乖讓你拍。偶爾一個不留神，一隻鹿探過來，一口咬住包包裡的旅遊指南書，一陣拉扯，才從鹿嘴下搶救回來。

奈良的鹿，跟春日大社有關。奈良時代政治人物藤原不比等建造春日大社，供奉四位神明，其中的武甕槌命，以神鹿為坐騎，因此，鹿在奈良，地位崇高，如果不慎使鹿死亡，會遭到上天嚴苛的報應。在奈良人的呵護下，鹿群們便世世代代地生存下來。（不過，隨著時代演進，野生的鹿究竟還是跟人類文明產生衝突，即使到處有「小心鹿出沒」的標誌，因車禍致死的鹿還是為數不少，至於鹿群對於附近農地作物所造成的損傷，也讓農家很傷腦筋……）

除了鹿，奈良還有大佛，大佛就在東大寺。

東大寺，是聖武天皇的寺院。

聖武天皇是日本的第四十五代天皇。就像古今中外的皇室鬥爭，起因總是「誰是接班人」，聖武天皇也捲入皇權繼承的腥風血雨。

首先，在奈良時代，不少天皇或皇太子都是屬於體弱多病一派，因此「后」也有資格即位為天皇，因此奈良時代的特色之一，就是「女帝」特別多。

聖武天皇娶藤原不比等（就是興建春日大社的那位權臣）的女兒光明子為妻。藤原不比等為了延續家族勢力，一心鼓吹聖武天皇立光明子為后，但是皇族長屋王以「非皇族出身不能為后」的慣例，極力反對。藤原家族當然亟思清除權力之路上的「路障」，而皇太子未滿周歲即夭折，提供了最佳的誣陷機會，長屋王一家就在「咒死皇太子」的罪名下，全家自殺謝罪。

光明子雖然順利成為皇后，但是長屋王的怨靈也隨之登場，光明皇后的四位兄弟相繼慘死，各地災害不斷，甚至大規模流行天花惡疾。面對這種人心惶惶的局勢，聖武天

皇只好求助宗教，希望藉佛教之力消災解厄。

古代的日本，地方行政區稱為「國」，而聖武天皇要求各國必須興建「國分寺」，而東大寺就是「總國分寺」，擁有類似「旗艦店」般的地位。

巨大，會帶來存在感。而且，當事物放大到遠遠超越「本物」的規格，往往就失去了原有的功能性，變成一個象徵的符號。

至於門，在建築物的構造中，角色很特殊。門，功能單純，主要是為了進出，但是不可或缺。門，通常又會透露出建築物的表情，用來炫耀或宣示的建築物，門，往往也很高調。

東大寺，號稱是世界上最大的木造建築，「巨大」即其特色，佛大，佛殿大，連門也大。作為出入口的南大門，氣派地疊著兩層飛簷，宛如門柱上頂著空中樓閣，在功能上，與其說是讓人進出，其實更像是營造氣勢，給來者一個下馬威，而真正的重頭戲，在門後。

當然，重頭戲就是奈良大佛。

東大寺的大佛，是「盧舍那佛」，是《華嚴經》中，釋迦牟尼的別稱，因此佛像也就是如來的造型。

據說，聖武天皇當初是拜見了河內國（現在的大阪府）知識寺的盧舍那佛，心生嚮往，決定自己也來打造一座大佛。

巨大的事物總是會圍繞著一串數字，東大寺大佛的故事也可以用數字堆砌起來。比方，傳說中釋迦牟尼的身高有一丈六尺，而《華嚴經》中，「十」這個數字代表無限大，於是，奈良大佛的高度規格設計為十六丈。

由於大佛體積太大，所以是先造佛像，再建大佛殿，工程相當浩大。一開始打造大佛時，佛師、銅工、木工、金箔工就有五百五十人，隨著工程展開，人數愈來愈多，歷

史資料提供的統計數字是，參與東大寺工程的人數為兩百六十萬三千五百三十八人，換算成當時的人口，幾乎每兩個人中，就有一人參與。

大佛從開始興建，到最後舉行開眼儀式，歷經十二年，距離佛教傳入日本，正好滿兩百年。佛教以外來宗教之姿，迅速地打入日本民間，聖武天皇本身虔誠信佛，的確也是一股推波助瀾的力量。

巨大，看似威風八面，有時候反而成為詛咒。

當初聖武天皇建大佛，是為了國家祈福，然而，大佛本身的命運卻相當坎坷。平安時代末期，由於兵災，大佛的身體遭大火燒毀，修復之後，又在戰國時代，因為戰亂，失掉了頭部和右手。現存的大佛，頭部是江戶時代，身體是鎌倉時代，只有左膝以下，以及蓮台，才是奈良時代的遺跡。

大佛是不同時代的修補版本，大佛殿也經過兩次火劫，如今留下來的是一七〇五年的建築物，即使是南大門，也是鎌倉時代的再造，原物已在平安時代，因為風災而倒塌。

誰說巨大才能永恆？像奈良的鹿兒們，身軀嬌小，卻是輕巧而平安地走過千年的歲月。

黃昏，深藍暮色如巨大的網子張開，我離開東大寺，穿過奈良公園，準備離去。鹿群們都回去休息了，卻有一隻鹿，悄悄地出現在我的面前。

我走，牠走；我停，牠也停下來，並沒有回頭看我，只是靜靜佇立，彷彿是扮演著引導的使者，只要跟著牠一直走下去，我就會回到聖武天皇的奈良時代。

東大寺

地址：奈良県奈良市雜司町 406-1

交通：從京都搭 JR 奈良線到「奈良」站，再搭市內循環巴士外回系統，「大佛殿春日大社前」下車，徒步五分鐘。

http://www.todaiji.or.jp/

平等院

極樂淨土的風景

讀夏目漱石的《其後》（それから），十分喜歡故事開場的描述。男主角代助因一朵多瓣山茶花掉落枕邊而醒來，接下來，他做了一個動作。

他呆望著有嬰兒頭顱那麼大的花，突然想起什麼似地，躺在床上按胸口，又開始檢查心臟的鼓動。躺著聽心跳，已經成為他近來的習慣，心跳平穩而確實，他依舊用手按胸口，想像在這鼓動下溫暖鮮紅的血液緩緩流動的樣子。這就是生命，而自己此刻正用手掌壓住這流動的生命。然後他想到，如同時鐘滴答聲般反應在手掌上的，恰似引誘自己步向死亡的警鐘。

在確認自己「生」的同時，代助也意識到「死」的存在。

七歲那一年，我第一次想到「死亡」這件事。

還記得自己躺在床上，望著天花板，「死亡」像一隻從沒見過的生物，在我的世界裡現身。我的理解是，「死亡」代表了「消失」、「不在」，那麼，此刻看得到、聽得到、觸得到這世界的「我」，會到哪裡去了？

恐懼，像是一滴墨水，瞬間將我的心情染成黑暗。很長一段時間，我都強迫自己不要去想這個問題。

但是，死亡之於人生，就像終點之於旅程，在旅程中，你不能不去思索，究竟自己最後要往哪個方向去。

（畢竟，一旦大限之日到來，也無所謂思索不思索。）

近一千年前，在平安時代，叫作藤原賴通的男人，一定也思索過死亡這件事。

藤原家族，是平安時代最顯赫的家族之一，從最早的中臣鎌足（死後受天皇賜名為「藤原」），到後期的藤原賴通，憑著高明的政治手腕，操控皇室達三百年之久。

「藤原政治學」有幾個重點：一、操作政治婚姻，把女兒嫁給天皇，讓外孫成為繼任的天皇，藉此掌握「攝政權」，像藤原賴通的父親藤原道長，就有三位女兒嫁給天皇當皇后；二、利用當時開始盛行的佛教思想，鼓吹天皇們出家修行，自己也就能順理成章地「代理」政務；三、用政治實力奠定經濟基礎，大量累積個人的土地和財富。

藤原道長是藤原家族勢力的最巔峰，後繼的藤原賴通也曾經擔任過三代天皇的攝政，當名和利都到達了至高無上的雲端，在某個深夜，他應該也像夏目漱石筆下的代助，開始聽到那個連結著死亡的警鐘開始滴答作響。

——之後呢？我將往哪裡去呢？

藤原賴通的心中，對於死後的「極樂淨土」存在著一個想望，於是他打造了平等院。

平等院，在京都的近郊，以茶聞名的宇治。

從地理位置來看，宇治是京都重要的交通要塞，不過，對於平安時代的皇室貴族來說，宇治是休養生息的最佳地點。

歷來，多位天皇隱退後，都是選擇居住在宇治，位高權重的藤原道長，也在宇治擁有別墅，而且，從平安遷都以來，藤氏家族都是安葬在宇治北方的木幡一帶，因此，不難理解，藤原賴通選擇將父親位於宇治的別墅改建成寺院，用來營造他心中的「極樂淨土」，因為此地原本就代表了「安息之地」。

或許這即是日本文化中，所謂的「界」，你在這個世界的終點，正是通往另一個世界的起點。

華美，是平安時代的文化特色。

從小在富貴環境中長大的藤原賴通，自然也是極其奢華地精心雕琢他的「淨土」風景。當時，平等院的規模號稱是「大伽藍」，除了阿彌陀堂（鳳凰堂），還有金堂、講堂、五重塔、三重塔、東西法華堂、五大堂、寶藏、大殿、釣殿、大門，一應俱全。

只是，千年之後，經過火劫、戰亂的洗禮，原有的建物只剩下了鳳凰堂，連大門上、內壁上的彩繪，也因為時代久遠，變得斑駁而黯淡了。

不過，現代古蹟修護的技術，據說可以從殘留的顏料痕跡，還原平等院在千年前的色彩，就像電影「鐵達尼」中，從沉浸在海水中的灰暗船隻殘骸，鏡頭一轉，時間倒轉，重現出航時刻的燦爛輝煌，站在鳳凰堂前，閉上眼睛，透過想像力的魔法，或許也可以看見平等院最初的光華流轉。

對於那個時代的京都人來說，這可能是他們人生中所見過，最華麗超凡的建築物了。

不過，即使平等院只剩下繁華褪盡的鳳凰堂，仍然美得驚人。

先說池，阿字池，堂在池中，如同一座小島，可以從兩個角度解讀。

一是死亡。在日本的古墳文化中，墳墓周遭往往挖掘了壕溝，注滿了水，用意在防止盜墓人入侵。像平等院這一類的「淨土式庭園」，水池就像古墳的壕溝，可以看成是對亡者的守護，代表了現世的終點。

二是淨土。對於島國日本來說，無垠的大海象徵死後的世界，而海上的島，是蓬萊仙島，靈魂最終的安息之地。阿字池上的鳳凰堂，意象如同海與島，意謂來世的起點。

鳳凰堂的建築風格，非常講究左右對稱，不像典型的日本式建築，反而帶有濃厚的中國風，可以想像平安時代受到的中華文化影響。不過，鳳凰堂雖借用了中國式的對稱概念，從屋瓦到廊柱，線條都相當纖細，很像是當時盛行的女流文學，一派輕柔優雅。

在視覺上，建築物的左右對稱，加上池面水影造成的上下顛倒，形成了一片生生不息的「曼荼羅」風景。

當然，還有鳳凰。中堂屋頂的兩側，各有一隻象徵來世的鳳凰。如果再用一點想像力，想像中堂的是鳥的頭部和身子，兩邊的翼廊是翅膀，那端坐在水池上的鳳凰堂，本身也是一隻鳳凰。

鳳凰堂裡，坐著金色的阿彌陀如來。

在日本的佛像中，如來有四種：釋迦如來、阿彌陀如來、藥師如來，以及大日如來，而阿彌陀如來扮演的角色，就是迎接死者進入西方淨土。

鳳凰堂裡的阿彌陀如來，身高兩公尺七十九公分，全身貼著金箔，坐在蓮花台座上，身後有金色火燄般的「光背」，是平安時代知名佛像師定朝的作品，因為體積巨大，無法用單一的木材製作，因此採用「寄木造」的手法，以不同的木材拼製而成。

不過，鳳凰堂中最吸引我的，卻是圍繞著如來、牆上五十二尊雲中供養菩薩（目前部份陳列在鳳翔館中），菩薩們手執不同樂器（絃樂器、管樂器、打擊樂器），紛紛表現出祈禱或舞蹈的姿態，堪稱是「載樂載舞」，東京藝術大學教授布施英利還形容：「真是不輸現代的『紅白大賽』啊！」

藤原賴通建造平等院，看似積德，其實造孽。

為了他的「夢幻莊園」，藤原賴通必須動用大量的財力和人力，而老百姓就成了他主要的剝削對象，當時近畿一帶發生大饑荒，人心惶惶，身為高官的藤原賴通不但沒有苦民所苦，反而向民眾強徵糧食，繳不出米來，就出勞力。在工程中餓死、遭樹木、石頭壓死的民眾不計其數。據說，後人在修復鳳凰堂時，意外地發現興建時期工人留在牆面上的塗鴉，內容慘不忍睹。藤原賴通的「極樂淨土」，卻是老百姓的「人間煉獄」。

藤原賴通替他的「淨土」取名為平等院。事實上，那些為他搏命打造平等院的老百姓，生不平等，死也不平等。

「讓這麼多人身陷地獄後，他後來真的去到了極樂淨土了嗎？」望著夕陽中閃閃發亮的金鳳凰，我感到一絲莫名的寒意。

平等院

地址：京都府宇治市宇治蓮華 116

交通：從京都搭 JR 奈良線在「宇治」站下車，往東徒步約十分鐘。

http://www.byodoin.or.jp/

清水寺

從清水舞台跳下去

清水寺開放夜間拜觀的那天晚上，我擠在人群中，沒來由地想到了張愛玲〈色戒〉裡的一段文字。

——下了台她興奮得鬆弛不下來，大家吃了宵夜才散，她還不肯回去，與兩個女同學乘雙層電車遊車河。樓上乘客稀少，車身搖搖晃晃在寬闊的街心走，窗外黑暗中霓虹燈的廣告，像酒後的涼風一樣醉人。

就是因為這種舞台的魅力，女主角王佳芝決定接下色誘漢奸易先生的「角色」，只是最後假戲真做，栽在易先生手上。

但是，我可以體會王佳芝的心情。那個晚上，我站在清水寺的「舞台」上，燈光從四面八方打上來，我雖不是演員，只是跟著眾人搶最好的角度拍夜景，不知不覺中，情緒就變得高亢起來，深秋夜晚的空氣冷颼颼，臉頰上卻是熱騰騰。

下了「舞台」，還是捨不得走，雖然不餓，還是湊熱鬧地買了一串烤醬油糰子，邊走邊吃，沿著三年坂、二年坂走下來，人潮變少了，還有那麼一點曲終人散的愁悵。

地理位置和建築設計，是「清水舞台」所以聞名的兩大關鍵。

首先，清水寺位於羽音山上，居高臨下，京都的高樓不多，在京都塔出現之前，並沒有超高層的建築，想要站在制高點俯視整座城市的風貌，清水寺是最佳選擇，而每逢櫻花或紅葉季節，寺方再辦「夜間拜觀」，靠著美麗夜景，再賺一回門票的錢。

現存的本堂是江戶時代的建築物，下半部份據說是由一百三十九支長柱子，以格子狀方式架構起來，沒有動用釘子，外觀上如同舞台，所以又稱為「舞台造」。

至於本堂另一邊，則有建在山壁上的「奧之院」，外觀也像是個舞台，和本堂形成兩個對望的舞台。因此，當你身處本堂，望著奧之院的遊客，對方也在看著你，看人，同時被看，既是「演員」，也是「觀眾」。

這種建築樣式在當時相當罕見，不但沒有受到排斥，反而大受歡迎，甚至出現了「清水の舞台から飛び降りる」（從清水舞台跳下去）的說法。根據歷史紀錄，從一六九四年到一八六四年，曾經發生過兩百三十四件「跳清水舞台」事件，明治政府就在一八七二年下令禁止這種行徑，並架起護欄，避免意外發生。

這些「跳清水舞台」的人，真的是因為勇氣使然，所以大膽往下跳嗎？

恐怕並不是如此。

清水寺，觀音信仰的寺。

傳說中，奈良時代末期，某夜，僧人延鎮夢見了北方有一道金色的泉水流過。醒來後，便跟隨夢中的訊息，來到了音羽山。延鎮認為，山中的瀑布，就是他夢中的金色冷泉，於是在此結草庵，此時，白衣居士現身對他說：「我一直等你到來，希望你能在這裡興建寺廟。」延鎮遵照神明的指示，在這裡創建寺院，祭祀的對象自然就是觀音菩薩。

有一天，延鎮在這裡遇到了一名武將，即後來大名鼎鼎的「征夷大將軍」坂上田村麻呂。當時，田村麻呂的妻子懷有身孕，聽說鹿血能讓女人順利生產，他便上山獵鹿。僧人勸獵人不要殺生，而且要誠心向觀音菩薩祈求，結果獵人被僧人所說服，田村麻呂不但把已經射殺的鹿隻安葬，回家後，還和妻子一起供奉觀音菩薩。

後來，田村麻呂因為戰功彪炳，朝廷將原本建在長岡京的宮殿賜給他，田村麻呂再將建物奉獻給延鎮，也就是清水寺「本堂」的前身。

如今，清水寺之所以有「清水」之名，主要是因為音羽山的瀑布，事實上，創建之際，清水寺正式稱號是「北觀音寺」。

「觀音」，即是能傾聽世間之音，包括了各種祈求和心願，由於觀音信仰跟「他力救濟」、「現世利益」關係密切，在廣大民間相當受到歡迎，而日本的佛教宗派不少，不論是天台宗、真言宗、禪宗、淨土宗，都祭祀觀音菩薩。

關於清水寺的觀音菩薩，傳說不少，其中一則，說是有名貧窮女子經常到清水寺參拜，後來菩薩在她夢中現身，賜給她一幅「御帳」（貴族人家中垂掛的布幕），夢醒後，身邊果然有「御帳」，便縫製成衣裳，穿在身上果真招來好運，嫁給了好人家。

又有傳說某女子為了謝罪，將孩子從清水舞台丟下去，因為有菩薩保佑，孩子毫髮無傷。還有男子跟人打架，為了逃走，從清水舞台跳下去，也是安然無恙，類似傳聞愈演愈烈，難怪吸引了這麼多人前來，試試觀音菩薩的神力是否也能保佑他們。

於是，就這麼跳．下．去，希望觀音菩薩的慈悲能夠牢牢地接住他們……

用現代的眼光來看，或許會覺得當時的人好傻，不惜拿生命來測試神明，換個角度來看，對於廣大的庶民來說，在充滿苦難的世間，觀音菩薩的慈悲，可能就是他們人生中唯一的希望。

離開清水寺，我還是常常想起那兩百三十四件「跳清水舞台」事件。那樣義無反顧地往下一跳，除了相信觀音菩薩保佑，是否還有其他的力量，驅動著跳下去的勇氣？

或許也是「舞台效果」。當人站上舞台，你可能就不再是自己，而是變成另一個完全不同的人，平常沒有膽量做的事，在那一瞬間，全豁出去了。

就像〈色戒〉裡的王佳芝。不過，換個角度思考，舞台的時空，也可能喚出那個隱藏在內心深處的自我，那麼台上、台下，到底哪一個才是真正的自己呢？這其實又相當耐人尋味了。

清水寺

地址：京都府京都市東山区清水1-294

交通：搭京都市巴士207號，在「清水道」下車，徒步十分鐘。

http://www.kiyomizudera.or.jp/

金閣寺

炎上的鳳凰

造訪金閣寺的幾天之後，看到電視上一則新聞。

在名古屋的中川區，有著五百年歷史的西照寺，在火災中付之一炬，縱火犯是一名十歲的男孩，警方詢問動機，男孩淡淡地說：「我想看東西燃燒的樣子。」

因為這場火災，當然有媒體重提一九五〇年發生在金閣寺的那場火災，二十一歲的修行僧林養賢失縱，之後被人在山中發現，服用了大量安眠藥，並以利刃刺傷自己的胸口。林養賢獲救後，坦承是自己放的火，原因是「我嫉妒它的美」。

三島由紀夫後來根據這樁新聞事件，寫成了小說《金閣寺》，大概算是他最膾炙人口的作品了。或許是這個故事太震撼人心了，還未見到金閣寺之前，我腦海裡總是不自覺地聯想到一團熊熊火燄。

不過，親眼看到金閣寺本尊後，我還是想到三島由紀夫，不過，卻是他在另一本小說《午後曳航》（午後の曳航）中的句子：妳是威尼斯海域中浮現的小宮殿。

美的事物分兩種，一種是讓人驚豔，另一種是令人回味。

讓人驚豔的美，是在第一眼的瞬間，就完全吸引住你的注意力，然而，也正是這電光火石的那一刻，美的感受已經完成，最初的震撼力會隨著時間漸漸消失；至於讓人回味的美，也許不是一見傾心，卻會在心中漸漸發酵，成為縈繞於內心深處的感動。

金閣寺的美，既讓人驚豔，也令人回味。

一進大門，幾乎還沒做好心理準備，金閣寺就映入眼簾，一覽無遺。雖然知道現存的金閣寺，已非最初的原始建築，而是昭和時代的重建，但是看到那金光閃耀、載著金

鳳凰的閣樓，優雅地座落在一池綠水之上，還是美得讓人心動，即使照片上已看過無數次，仍然忍不住地舉起相機，猛按快門。

然後，突然意識到，就在這最初的幾分鐘，金閣寺已經達到了讓你眼前一亮的效果，隨著你步入庭園，金閣寺的身影就慢慢地消失在你的視線中。

接下來，你順著小徑，登上山坡，置身在幽靜的山林中，耳邊有瀑布的水聲作響，偶爾從樹葉的縫隙間，或許可以瞥見金閣寺的屋頂。最後，你抵達終點，居然是一座樸實的小草庵，稱為「夕佳亭」，是江戶時代茶人所建的茶室。

這時候，你對金閣寺的美，有了另一番感受，不再只是金光閃閃的單一建築，而是跟山林、瀑布、草庵彼此連結、對照，從華麗到簡樸，從人工到自然，形成完整的美感體驗，因此也有了令人回味的空間。

金閣寺，由室町時代的幕府將軍足利義滿所興建。

室町時代，從第一代將軍足利尊氏在京都成立幕府，到第十五代將軍足利義昭遭織田信長放逐，為時約兩百年，功業最輝煌者，正是第三代將軍足利義滿。

祖父足利尊氏趕走後醍醐天皇，另外擁護光明天皇，形成有兩位天皇對峙的南北朝，京都淪為戰場，老百姓也苦不堪言。

十歲繼位的足利義滿是位天生的政治領袖，祖父造成的政權分裂，在他手上重新合體，當時，他也才二十四歲。除了政治手腕高明，足利義滿也很有商業頭腦，從年輕時代就憧憬中國明朝的他，積極和明朝展開貿易上的合作，也讓他賺了不少錢，不僅在政治上掌權，也擁有豐富的財力，聲勢如日中天。

人，一旦得志了，難免就會不可一世起來。足利義滿雖然上有天皇，顯然並不把天皇看在眼裡，他把自家的邸宅稱為「花之御所」，對明朝進行貿易時，他自稱「日本國王」，後來甚至要營造「北山殿」，從名稱上都把自己放在跟天皇同等的高度。

足利義滿的北山殿，也就是今日的金閣寺。

北方，在方位學上來說，本屬帝王的方位。

古代中國，把北極星稱為「天帝」，皇帝的住所，必定座落在京城的北方，而曾經熱衷向中國取經的日本，自然也視北方為尊榮的方位，足利義滿已有華美豪宅「花之御所」，仍要在京都的北山地帶興建北山殿，作為晚年的住所，用意不言而喻。

有趣的是，在北山殿動工前兩年，足利義滿決定剃度出家，將軍職交棒給兒子，他當然不是看破紅塵，而是藉由此一舉動，宣示自己將不問世事、立場超凡，事實上，兒子年紀還小，大權仍是抓在他手上，出家只是演給世人看的一場戲。

足利義滿站上權勢巔峰，他所營建的北山殿，自然也是極其奢華之能事，歷史文獻記載，某次為了迎接天皇造訪北山殿，足利義滿下令以金銀製作假花，遍撒庭園之中，闊氣的手筆讓人大開眼界。

當時的北山殿規模宏偉，建物眾多，遺憾的是，至今只有舍利殿留存下來，因為二、三樓的內外牆壁、天花板都貼有金箔，又稱「金閣」。

多數旅遊指南都會介紹，金閣的底層是「法水院」，貴族式的寢殿建築，中層稱「潮音洞」，是武家建築；最上層為「究竟頂」，中國風禪寺建築；卻鮮少解釋這種「複合」的建築樣式有何意義。有種說法是，足利義滿以武將身分，凌駕於天皇之上，又以出家人的姿態，顯示清高，「三合一」的金閣正是彰顯他的無上尊貴。

難怪有人因為妒嫉而燒燬金閣寺了，金閣寺的美，正是一種驕傲、炫耀的美。

驕傲、炫耀到了極致，就會引來妒嫉之火。

足利義滿過世後，接班的兒子足利義持因為父親晚年太寵愛弟弟義嗣，積怨已久，他不但大肆破壞北山殿，還把父親重用的能劇演員世阿彌流放到外島，至於足利義滿的孫子足利義政，自許能夠像祖父一樣政績彪炳，結果事與願違，在妒嫉心作祟下，他搶奪金閣寺的石頭和佛像，用來裝飾自己興建的銀閣寺。

百年後，連碩果僅存的金閣，也被林養賢的一把火燒得精光。

或許，金閣寺本身就是一團火燄，火光映照著人性中的驕傲與卑微。

金閣寺

地址：京都府京都市北区金閣寺町1

交通：搭京都市巴士「金閣寺道」下車。

http://www.shokoku-ji.or.jp/

失意將軍的月亮庭園

銀閣寺

顧名思義。金閣寺，果真是一派金光燦爛；而銀閣寺，建物本身雖沒有銀色外觀，但是雪白的銀沙灘、望月台，倒也算是符合了「銀」的情調。

然而，就像是金閣寺的「金」，是昭和時代的「大改造」；銀閣寺今日的「銀」，也是後人添加的手筆，結果，這後來的「金」與「銀」，反而更精準地達到了「點題」的效果。

而銀閣寺的「銀」，主題其實是月亮。

日落，月升。月亮，總是伴隨著黑夜出現。

銀閣寺的創建人，是室町時代的幕府將軍足利義政。相較於祖父足利義滿創造了室町時代的盛世，功業輝煌如日正當中，埋下政權衰敗種子的足利義政，可以說是一位「月亮將軍」。

十四歲繼任幕府將軍一職，前有祖父耀眼的功業，足利義政也曾經心生嚮往，希望能達到跟祖父一樣的成就。只不過，足利義滿的政治長才並沒有遺傳給孫子，足利義政雖有企圖心，政治的表現卻一塌糊塗，他推動新政策，在各主要街道設立關所，徵收嚴苛的通關費用，引起地方上的民亂，讓足利義政深感挫折，心生逃避念頭。

於是，三十歲那年，還沒有子嗣的他，決定把將軍的職位讓給弟弟足利義視。

但是，不久後，妻子日野富子為他生下兒子足利義尚。作母親的，總是希望自己的兒子能掌大權，一場宮廷惡鬥因此展開，史稱「應仁之亂」，不但讓京都陷入戰火中，也成為日後開啟戰國時代的導火線。

「應仁之亂」長達十一年，同時京都還發生大饑荒，短短一、兩個月，就餓死了八萬兩千人，鴨川的四條大橋下，因為死屍太多，堵塞了河流，因此還造成淹水。

面對民不聊生的慘狀，足利義政還要賞花，他無視京都已成人間煉獄，只在乎花開不美，賞花無法盡興。

當時，天皇是唯一可以對將軍直言不諱的人，於是後花園天皇寫了一首漢詩給他，提醒足利義政要體恤人民的痛苦，但是足利義政不以為意，一心只想打造他的「夢幻庭園」東山殿，也就是後來的銀閣寺。

如同中國的宋徽宗，足利義政也是一個「擺錯位置」的悲劇。政治上無能，但是在藝術鑑賞上卻很在行，他熱愛夢窗疎石的庭園藝術，特別是西芳寺，因此也很想以西芳寺為模型，自己來建造一座庭園。

一四八二年，銀閣寺開始動工，足利義滿投注了八年的時間在這座庭園，直到他死。要大興土木，需要經費和人力。即使人民長期飽受戰火和饑荒，足利義政卻毫不猶豫地開出各種臨時稅的名目，從人民的身上榨出錢來，如果沒有錢，就拿勞力來抵稅，像他就向東寺要來了七百六十名人力，負責搬運庭園所需的樹木、石頭和木材。

作為一個政治人物，足利義政相當冷酷無情；作為一名藝術家，他又是極其貪婪惡劣。

為了完成他的「夢幻庭園」，足利義政的行徑如同盜匪。他拿走了京都的等持院的松，把奈良長谷寺的上等檜木搶來當建材，還「徵收」了東寺的蓮花，甚至連祖父的金閣寺也不放過，搬走了十個上等的庭石，並將金閣二樓的佛像占為己有，挪為銀閣寺之用。

讀到歷史上這些紀錄，我不禁心想，當時的足利義政是用什麼樣的心情去「淘空」象徵祖父無限光榮的金閣寺？

是因為「既然我無法成為你，無法到達你的高度」，於是，「我要奪走你所建立的

一切」？是什麼樣的妒嫉和不甘心，產生如此龐大的摧毀能量？

足利義政並沒有活著看到銀閣寺的完工，而他也沒有機會目睹，時間終會討回一切的公道。當年他以搶奪的行徑打造銀閣寺，隨著室町時代的覆滅，銀閣寺反成遭搶奪的對象，在他死後八十年，銀閣寺就被洗劫一空，不少建物也因為戰火，灰飛煙滅。

很長一段時間，銀閣寺形同廢墟。

眼前的「銀閣寺」，跟足利義政當年打造的那座庭園，應該很不一樣。規模絕對是大幅縮水，當時的建築只剩下了銀閣（觀音殿），以及東求堂，而望月台和銀沙灘是江戶時代再建，事實上，它原來名為「慈照寺」，連「銀閣寺」這個名號，也是江戶時代再建後，才廣泛流傳開來。

不得不佩服負責再建的庭園匠師，以相當具有現代藝術風格的望月台和銀沙灘，畫龍點睛地強化了這座庭園原本的「望月」主題。

銀閣寺第二層，足利義政稱之為「潮音閣」，潮起潮落，原因在月的引力，銀沙灘除了形如月光下的波浪，而砂石取自京都的白川砂，含有斜長石和石英成份，能夠反射光線，帶到屋中，輝映成「銀閣」。

事實上，足利義政曾經做過一首和歌，表達在現實人生充滿挫折感的他，希望能逃避到月亮之上。

或許，足利義政是隔著淚眼看月亮，但是，他並不知道，自己最大的問題，是不知道那些他眼不見為淨的老百姓們，其實也都有眼淚。

銀閣寺
地址：京都府京都市左京区銀閣寺町 2
交通：搭京都市巴士在「銀閣寺前」下車。
http://www.shokoku-ji.or.jp/

桂離宮

貴族的黃昏

美為何物？何物為美？時代不同，看法不同。

建築家宮元健次在《日本の美意識》中，從早期因自然崇拜發展出來的「優美」、與茶道息息相關的「侘び・寂び」，一路細數到受到西方文明影響的「きれい」，以及近年來大受全球歡迎的「かわいい」。

「きれい」，漢字可書寫成「綺麗」、「奇麗」，根據宮元健次的考證，「きれい」是日本江戶時代才盛行的概念，而「きれい」美學的庭園代表作之一，就是桂離宮。

光從名字來看，桂離宮，很秋天。

取名「桂」，除了因為座落在京都西區的桂川河畔，有地理上的標示意義，另一方面，此地向來是賞月的勝地，附近還有祭奉月神的月讀神社，而桂樹代表秋天，並呼應中國神話中的「月桂」，因此，桂離宮庭園的主題，就是秋月。

京都還有另一座以月亮為主題的庭園，就是銀閣寺，巧合的是，兩座庭園的原始主人，都屬於人生的失意者，只是情境恰成反差。打造銀閣寺的室町將軍足利義政，缺乏當家作主的能力，卻被放在權力的最高位置，至於興建桂離宮的智仁親王，明明具備政治才華，卻始終與權力無緣，而兩人最後都遁逃進庭園的世界中。

一生中，曾經兩度和最高權力這麼接近，最後又擦身而過，箇中滋味，大概只有智仁親王能夠體會。

他生於戰國晚年，是後陽成天皇的么弟，從小就以才思敏捷而受到注目。當時的戰國名將若無子嗣，往往會收養子來繼承家業，而十三歲的智仁親王便受到大權在握的「關白」豐臣秀吉的青睞，成為他的養子。

「關白」一職形同宰相，如果豐臣秀吉沒有子嗣，智仁親王很可能成為繼承人，只是豐臣秀吉也相當現實，當他有了長男鶴松，立刻就解除了智仁親王跟他的養子關係。鶴松三歲夭折，秀吉改選外甥秀次繼任，等於也斷絕了智仁親王通向關白權力之路。不過，秀吉再得次子秀賴，為了讓兒子掌權，不惜讓秀次切腹，對於智仁親王來說，當年解除了養子關係，反而讓他躲過一劫。

不過，後來哥哥後陽成天皇想把皇位讓給智仁親王，他跟豐臣秀吉的這段淵源，卻成為移不開的絆腳石。德川家康認為，智仁親王有豐臣秀吉養子的身分，不宜出任天皇，極力反對，因此他最後也失去了成為天皇的機會。

原本懷抱大志的智仁親王，經過一連串曲折，終於理解，他雖是條件備齊，能否坐上大位，卻是全憑他人作主，由不得自己，最後他選擇了建造庭園，那似乎是他唯一能

為自己做的事。

壯志未酬，是智仁親王一生的寫照，即使興建自己的庭園，也是未竟全功。

從小飽讀古典文學、精通和歌的他，從《源氏物語》中的「桂殿」擷取靈感，想要重現當年貴族生活的優雅風情。智仁親王先完成第一期工程，也就是古書院和池庭的部份，但是五年後就過世，享年五十歲，桂離宮從此也陷入荒廢狀態。

十二年後，他的兒子智忠親王長大成人，決定完成父親的遺願，著手重整桂離宮，除了修復古書院，增築中書院，並完成了松琴亭、月波樓、賞花亭、笑意軒、外腰掛、卍字亭等庭園設施，前後也花了將近十年的時間。

一座庭園，由兩代父子接棒興建，終於大功告成，遺憾的是，智仁親王終究無緣親眼目睹他心中夢幻庭園完成的模樣。

相較於京都其他的庭園，桂離宮的設計，融入了許多西洋的手法，建構出新的美感體驗，宮元健次稱之為「きれい」美學，而東京藝術大學教授布施英利則有更淺顯的說法，他認為，桂離宮的美，即精心計算之美。

從踏進入桂離宮的「表門」開始，你所看見的景觀，其實都是一種計算出來的視覺效果。

最廣泛使用的手法包括了遠近法。比方說，穿過「中門」，可達書院的玄關「御輿寄」，從「中門」望去，是「御輿寄」的前庭，設計者故意在前庭底部，偏右側的位置，安排了一座方柱形的石手水鉢，讓觀賞者的視線朝右方偏移，造成距離拉長的錯覺。而腳下鋪的石板，也有玄機。由四塊正方形組成「く」字形，其中連續銜接的三塊石板，邊長遞減，而銜接空隙，卻是等比例遞增，目的當然也是為了製造遠近感，連細節都如此精算，接近是數學家的偏執了。

另外，利用人為的水平線，將風景切成不同的層次，或是將黃金比例用於室內空間的配置，都屬於西洋庭園的手法，卻大膽地使用在桂離宮的設計中。

不過，我對桂離宮印象最深刻之處，則是「回首」之美。

京都的數座皇家庭園，不需門票費用，但是都得事先向掌管皇室事務的宮內廳申請，排定時段，會安排專門的解說員帶領遊園。

（很多外地的觀光客會選擇上網預約，卻發現很快額滿，事實上，直接到位於京都御所的宮內廳申請，通常可以申請成功。）

我預約的時間是早上十點鐘，負責解說的是一位高瘦的年輕男子，帶了點自負的神氣。他領著遊客遊園，逐一介紹各景點，每個地方都有名堂，倒讓我聯想起《紅樓夢》裡，賈寶玉跟著父親遊大觀園、同時為各處景色命名的橋段。

由於遊園是迴繞的動線，每到一處新景點，你可以回望剛才駐足的位置，觀看的角度改變了，往往又有不同的發現，於是，在遊園的過程中，你不禁頻頻回首，像是把之前看過的風景，重新溫習一遍，不知道這是否也是精心計算下的結果。

桂離宮美如人間仙境，然而，或許是太精雕細琢了，反而不能為任何凡人所擁有。第一代主人智仁親王英年早逝，接棒的智忠親王體弱多病，更在四十四歲的壯年辭世，爾後，繼承人都是早夭的命運，傳到第十一代，家族就滅絕了，這樣的傳奇背景，不免為桂離宮增添了鏡花水月的迷離氛圍。

在桂離宮，我體悟了一件事，人心的計算，可以成就庭園的美景，但是再怎麼算，也算不出世事的變幻無常。

桂離宮

地址：京都府京都市西京区桂御園

交通：搭阪急京都線到「桂」站，再搭市巴士，「桂離宮前」下車。

http://sankan.kunaicho.go.jp/

庭園的密碼

開門見山的祕密

天龍寺

「借景」，把外部的山林景觀作為庭園的背景，是日本庭園藝術很重要的一門手法。根據建築設計師清水泰博的說法，「借景」，可能和日本傳統的「自然崇拜」有關，把山色融入人為的景觀中，可以視為對山神的尊崇。在京都，有不少運用「借景」概念的庭園，包括了圓通寺、正傳寺、無鄰庵、修學院離宮。還有夢窗疎石的天龍寺。

在日本的庭園史上，夢窗疎石有著舉足輕重的地位，由他所打造的西芳寺（苔寺）

和天龍寺，成為後人作庭的範本，像金閣寺和銀閣寺，都可以看成是對夢窗式庭園心生嚮往的致意之作。

相較於西方庭園是「修剪」自然，讓自然「馴服」在人為的美學規格之下（凡爾賽宮是最好的示範），受到夢窗疎石啟發的日本庭園，則是走「尊重」自然的路線，一草一木、一池一石，無不強調「本物」之美。

而且，日本庭園在模擬自然的同時，又悄悄地藏進了生與死、現世與來生的觀點，或許，這跟夢窗疎石的僧人身分有關。

夢窗疎石是生於鎌倉時代末期、室町時代初期的知名禪僧。

他九歲出家，先在天台宗門下學習，十九歲開始學禪，二十歲成為四處行腳的學問僧。因為佛法修行高深，各地方的權貴都希望能跟他往來，但是夢窗疎石不喜歡跟人打交道，而是選擇走進山林，和自然對話，透過冥想體悟真理。

或許是在大自然中獲得頓悟，夢窗疎石在四十歲那年，開始作庭，先是岐阜的永保寺，五十三歲是鎌倉的瑞泉寺，五十六歲是山梨縣的惠林寺，六十五歲是西芳寺，七十歲作天龍寺的庭園，作庭之於夢窗疎石，有如一種美的修行。

夢窗疎石的庭園，特色是「上下兩段」式結構。下方是池，池上有橋，池水平靜，花草鮮美，代表極樂世界。往上方走，路徑變窄、變崎嶇，兩側樹木高聳，不見天日，還有瀑布水聲湍急，彷彿行經死亡幽谷，然而，一旦登上最高點，眼界豁然開朗，整個庭園的景觀，一覽無遺。

這種夢窗疎石式的庭園，很像是一則人生的隱喻——你必須通過地獄，才能看到真正的天堂。

換個角度看，這可能也是夢窗疎石對大自然的詮釋。曾經在山中修行多年的他，看過大自然的美好，當然也見識過大自然的殘酷、無情，然而，唯有經過後者的洗禮，才

天龍寺

地址：京都市右京区嵯峨天龍寺芒ノ馬場町 68

交通：搭ＪＲ嵯峨野線「嵯峨嵐山」站下車，徒步約十分鐘。

http://www.rinnou.net/cont_03/10tenryu/

能發現大自然真正的美。

而天龍寺的庭園，除了「上下兩段」式結構，因為採用了「借景」的手法，還增加了「遠近」的變化。

天龍寺，位於京都西方的嵯峨野，此地最有名的風景，就是嵐山。

天龍寺庭園的「借景」，除了左邊的嵐山，還包括了正面的龜山，以及右邊的愛宕山、小倉山。如果「借景」只是把周遭的山色都「借」進庭園裡，不過就是佔了地利之便，不過，夢窗疎石的作庭本事當然不僅於此。

他用來營造空間魔法的「道具」，是水池。

天龍寺的池，稱為「曹源池」，池的輪廓很特別，有如一隻張開的手掌（更美的形容是呈「心」字型），池面寬窄不一，當你站在池的左端，往嵐山方向看去，由於與對岸之間，池面較寬，水池看起來較大，在視覺上，嵐山變得比較近；往右端走去，再對著嵐山，池面變窄，池岸往後退，水池看起來比較小，嵐山變遠。就像西洋畫裡運用的透視手法，近大而遠小，在曹源池的左右兩端移動，池面的寬度變化，影響對水池大小的判斷，連帶地，也讓作為水池背景的嵐山，產生前進、後退的錯覺。

面對同樣的景觀，站在不同的位置上，可以看出不一樣的風景。就像禪宗說的，風動、旗動，其實是心動；在天龍寺庭園，池動、山動，其實是因為人動。

建造天龍寺的庭園時，夢窗疎石採取了「借景」的技巧，除了有美學上的意義，其實也為了「鎮魂」。

鎌倉時代末期，當時在位的後醍醐天皇一心想打倒鎌倉的幕府將軍，原為朝廷人馬的足利尊氏雖然攻陷鎌倉，卻也趁勢崛起，另擁立光明天皇，後醍醐天皇逃出京都，在吉野建立南朝，與足利尊氏控制的皇權對峙，史稱南北朝。後醍醐天皇雖然一直渴望著班師回朝，統一皇權，最後仍然壯志未酬，病死異鄉。

據說，後醍醐天皇駕崩後，夢窗疎石大慟。某夜，他夢見後醍醐天皇亡魂回到了生前經常流連的龜山離宮。於是，他向足利尊氏建言，以安撫後醍醐天皇亡靈為由，將龜山離宮改為寺院，他自己出任主持，也就是現在的天龍寺。

而龍安寺庭園「借景」龜山，很有可能是，夢窗疎石相信，後醍醐天皇的魂魄最後安眠於龜山，天龍寺的「開門見山」，其實表達了夢窗疎石對前代君王的哀思。

西芳寺（苔寺）
誤闖潘朵拉星球

我讀了作家下重曉子的文章，才知道西芳寺以前是「一般公開」，平時誰都可以來拜觀。

直到一九七七年七月，拜觀有了門檻。你必須在預定拜觀的七天之前，寄「往復はがき」（日本一種附回信的明信片），向寺方申請拜觀，再拿著回信準時參加拜觀，費用是三千日圓。

進入庭園前，請先抄寫心經一遍。我仗著對漢字的熟悉度，迅速抄完，寫上個人的名字、地址和心願，恭恭敬敬地放在佛像面前，然後搶在最早進入西芳寺庭園。

那時，庭園還沒有人。

我記得進入庭園的那一瞬間，龐大的美感如同電擊感貫穿全身。據說是覆蓋著一百二十種苔類的西芳寺庭園（所以又稱苔寺），陰鬱綠意上灑落金黃色陽光，除了細細的流水聲和短暫風聲，聽不到其他一點聲音。

宛如來到了另一個星球。

電影「阿凡達」的潘朵拉星球。

也是因為下重曉子的文章，我才知道其實西芳寺的苔，始於江戶時代晚期。

然而，西芳寺的身世，歷史卻相當久遠。

京都的寺，很多原先是天皇或貴族的住所，後來「轉型」為寺。而位於嵯峨、嵐山地帶的西芳寺，最初也是飛鳥時代傳奇人物聖德太子的別莊，奈良時代，僧人行基在此建寺，最初稱為「西方寺」，供奉的是阿彌陀如來，平安時代，留學僧空海曾經在這裡舉辦過放生大會。

讓西芳寺變得鼎鼎大名者，則是作庭者夢窗疏石。

在世時期，橫跨鎌倉時代末期、南北朝時代、室町時代初期的夢窗疏石，是當時聲望極高的禪宗高僧，他曾經在深山中修行多年，四十歲之後，才開始設計庭園，出手即成經典，嵐山另一個人氣很高的寺院天龍寺，也是夢窗疏石作庭。

我沿著庭園入口的小徑前行，身邊有蜿蜒水流，宛如掌心紋路，穿過苔地，流水最後進入大池，池水倒映樹影，搭配青苔的綠，美得不食人間煙火。

京都今日寺院處處，虔誠信仰佛教，但是，別忘了，對於古代的日本人來說，佛教實屬外來宗教，為了有效宣揚佛法，佛教領袖也得跟官方「互動良好」，才能得到資源的挹注，空海即為代表。

另一方面，政權掌握者為了獲得人民的支持，往往也會拉攏佛教領袖，而夢窗疏石在開創室町時代的足利尊氏面前，就相當獲得器重。西芳寺曾經一度荒廢，是當時負責掌管松尾大社的藤原親秀出錢請夢窗疏石設計庭園，而藤原親秀又是足利尊氏的親信之

一，很難不讓人聯想，整個計畫的「幕後推手」，說不定就是足利尊氏。

信奉禪宗的夢窗疏石接手後，寺名「西方」改成「西芳」，則是出自禪宗開創人達摩留下的句子：「祖師『西』來」、「五葉聯『芳』」。

現代的西芳寺庭園，當然不是夢窗疏石最初作庭的原貌了。

曾經在室町時代因戰火中遭到燒失，又在江戶時代兩度被洪水淹沒，值得慶幸的是，夢窗疏石最重要的作庭概念，獲得了保存。

即，「兩段式結構」。

下方是池，池上有橋，池水平靜，花草鮮美，代表極樂世界。往上方走，路徑變窄、變崎嶇，兩側樹木高聳，不見天日，還有瀑布水聲湍急，彷彿行經死亡幽谷，然而，一旦登上最高點，眼界豁然開朗，整個庭園的景觀，一覽無遺。

很像是一則人生的隱喻——通往天堂的路，必先經過地獄。

據說後來的室町將軍足利義政，就是太愛西芳寺庭園，照著相同規格打造他的「東

西芳寺

地址：京都市西京区松尾神ヶ谷町

交通：搭京都巴士七十三號、八十三號，到終點站「苔寺」下車。提醒：一日通行證不能使用。

http://www.pref.kyoto.jp/isan/saihouji.html

山殿」，也就是銀閣寺。

就像是銀閣寺的銀沙灘、望月台，是江戶人後來添加的手筆，突顯了「銀」的視覺主題，江戶人為西芳寺加上的苔，則把「綠」的意境，推到了極致。

有此一說，因為庭園中有很多珍貴的苔類，所以提高了拜觀的門檻，減少人為的傷害，其實又是非常「綠色」的環保意識。

因此，相較於京都其他的名庭，西芳寺擁有一份不受污染的深邃幽美。

就像進入了潘朵拉星球。

那樣的綠，似乎總在眼前，揮之不去。

想到心經上的句子：「色即是空，空即是色。」

一般人多著眼於前面那一句，然後，西芳寺讓我想到後一句，如此清澈、簡單、透明、一塵不染，竟成為縈繞心中的絕世風景。

醍醐寺三寶院

豐臣秀吉最後的華麗緣

內書院和庭園不准拍照。

在醍醐寺三寶院的庭園入口，看到這樣的標示。我愣了一下。書院內部不准拍照，我可以理解，但是庭園不准拍照，讓我十分困惑，難道這水池這石頭這樹木這花草會因為拍照而折損？

不過，嚴禁拍照的規定還真是做得很落實。不僅庭園內處處以標示提醒遊客，幾個轉角處還安排了穿著制服的歐巴桑看守，好像只要一舉起相機，就像是在美術館伸手去觸摸名畫，立刻就會警鈴大作，手銬上身，因此，也只好乖乖地遵守規定。

後來發現，醍醐寺三寶院是豐臣秀吉的庭園，「難怪這麼霸道了！」我暗自心想，這庭園可是幕府將軍的財產和尊榮，遠觀已是恩賜，豈容尋常百姓拍照取樂。

當然，豐臣秀吉自己也是從尋常百姓，一步一步爬上來的。

出身卑微、其貌不揚，他的第一份工作是幫主人拿拖鞋，靠著用心做事，成為織田信長的心腹，織田信長死後，他趁勢崛起，最後統一日本，完全就是「英雄不怕出身低」的經典示範。

豐臣秀吉不是頭腦簡單的武夫，他發展南蠻（西班牙、葡萄牙）貿易，振興商業，確定稅制，而且還大力鼓勵茶道，重用茶師千利休，千利休後來也的確成為茶道的一代宗師。

豐臣秀吉還有個稱號，叫作「普請狂」。在日文中，普請，就是營造、大興土木的意思。豐臣秀吉不但愛打仗，也很熱衷建築工程，包括了戰地的工事、都市計劃，以及寺院和茶室的建造，對於後來江戶時期的建築有很大的影響。

在日本歷史上，把織田信長和豐臣秀吉稱霸日本的時代，稱為「織豐時代」，而兩人的軍事重鎮分別是安土城和桃山城，所以又稱為「安土桃山時代」。

不過，晚節不保，是古今中外政治領袖的通病，晚年的豐臣秀吉，作為也頗受爭議。

一五九一年，五十四歲的豐臣秀吉，死亡的陰霾逐漸籠罩。長期以來沒有子嗣的他，側室淀殿好不容易為他生了兒子鶴松，才三歲就過世，而他向來仰賴的弟弟秀長，也在同年過世，母親大政所病危，一連串的打擊彷彿讓豐臣秀吉心神大亂，他甚至賜死自己一手提拔的千利休。

鶴松過世後，他選定外甥秀次作為接班人，但是第二個兒子秀賴出生後，他又想收回繼承權，後來便以謀反的罪名，賜死秀次一族。

隨著家人、親信的死去，加上自己年歲漸長，豐臣秀吉也不得不正視死亡的威脅，就像平安時代的藤原賴通，以及室町時代的足利義政，本身就熱愛建築的豐臣秀吉，也決定要興建庭園，打造他心中的「極樂淨土」。

醍醐寺，在京都南部的伏見地區，是春天賞櫻景點的首選。

豐臣秀吉是賞櫻的狂熱份子，一九五七年三月，他到醍醐寺遊覽，看見當地櫻花極美，觸發靈感，於是，隔年春天，他就在此舉行千人規模的賞花大會，盛況空前，還成為後來日本人大型「花見」活動的濫觴。

醍醐寺的三寶院早已存在，但受戰火波及燒毀，豐臣秀吉便利用這次賞花大會的機會，重新興建三寶院，由他自己親自操刀設計庭園，並搜羅了大量珍貴的奇石，展現「將軍級設計師」的手筆和氣魄。

豐臣秀吉的庭園是回遊式庭園，以水池為中心，而人沿著池畔遊覽鑑賞。既然有水，就會呼應海洋和蓬萊島的概念，池中建有象徵長壽的龜島和鶴島，龜島自然是要以石頭模擬烏龜的頭、尾和龜甲部位，鶴島除了用石頭表現羽翼。同時還利用石橋，拉出仙鶴的脖子線條。龜島和鶴島雖然都是以石為素材，卻分別有靜寂和躍動兩種不同的情韻。

水，不僅有視覺效果，也能營造聽覺。三寶院的角落有一處三段式的瀑布，水聲淙淙。既然不能拍照，我只好專心地遊覽庭園，反而更清楚地意識到瀑布聲的存在，隨著位置的移動，水響聲也有強弱的變化，一旦進入了由白砂和青苔組成的枯山水，水聲也消失了。原來，庭園不但「可看」，其實也「可聽」。

這麼說來，嚴禁拍照也未必是件壞事。

醍醐寺的賞花大會，是豐臣秀吉為自己人生安排的最後一場饗宴，半年後，他就離開人世。

如果三寶院是他自知死期將近而打造的庭園，那麼，當他在這裡做最後的巡禮時，眼中究竟看到了什麼樣的風景？一生的起伏跌宕從眼前一閃而逝，而那只是一朵櫻花墜落的瞬間。

醍醐寺
地址：京都府京都市伏見区醍醐東大路町22
交通：搭地下鐵東西線，在「醍醐」站下車，2號出口往東步行約十分鐘。
http://www.daigoji.or.jp/

禪之庭、詩之庭

大德寺

大仙院、瑞峰院、龍源院、高桐院

用文學的類型來形容，我覺得，枯山水像詩。石頭、白砂、青苔的排列組合，簡潔、清爽、一目瞭然，像詩，即使是短短的一句，都可以再三玩味。

詩，是以有限的文字營造無限的空間，枯山水也是，如此節制地使用視覺的元素，反而讓人看到了「間」的存在。在日本的美學意識中，「間」代表了「無」的狀態，接近「空」，用聽覺來比喻，等同於沉默，或是靜寂。

這或許解釋了，為什麼當我面對枯山水，總是無言以對。象徵，是創作一首詩的重要技巧，至於枯山水，其實無水，也是以白砂作為水的象徵。

日本歷史上最早的庭園紀錄，出現在飛鳥時代，由當時的政治人物蘇我馬子在飛鳥川畔作庭，在這樣的傳統下，水，成為後人作庭時的重要元素，而石頭經常用來表現水畔的景色。平安時代，水的運用，以池的型態出現，並發展成庭園設計的核心，稱為池泉庭園。

相對於有水的池泉庭園，就有無水的枯山水。不過，枯山水的技法，最初也用在池泉庭園的造景，像夢窗疎石所作的西芳寺，便是採取「兩段式」結構，下層是池泉庭園，上層是枯山水，用來表現生和死的意境。後來，枯山水自成一格，成為日式庭園另一種典範。

原因之一，是作庭的便利性，不是每個地方都方便引水，採用枯山水的模式，無水之地，也能營造庭園；原因之二，枯山水是抽象景觀，本身就具備「禪味」，室町時代佛教的禪宗興起，自然成為禪寺的「基本配備」。

看枯山水，必須要發揮想像力，才能看出門道，最好就是「看山不是山，看水不是水」。

砂與石，通常象徵了海和島，海是東海，島是蓬萊仙島，傳說中神仙住的地方，所以砂和石所鋪排出來的風景，是人們對極樂世界的想望。

石頭，不死不老，也看成是佛的化身。枯山水中的三尊石組，往往代表了佛像，中央最高的立石，是阿彌陀如來，兩邊的立石，分別是觀音菩薩和勢至菩薩。

即使不做宗教意義的詮釋，我覺得，枯山水也是好看的「裝置藝術」。

在石頭、砂和苔之間，在黑色、白色和綠色之間，在視覺元素高度的簡化下，事物的線條跳出來，空間感浮現，因此，觀賞枯山水，就像讀一首詩，雖然清清楚楚地讀到了每一個字，但是要讀懂這些文字所建構出來的空間，你需要再讀，再想想。

在京都，想看數量最多、最「經典」枯山水，就去大德寺。

大德寺是一座大型寺院，塔頭多，枯山水庭園也特別多。

「塔頭」，何物？在寺院建築中，塔，是開山祖師或高僧的墓塔，弟子感念先師的德行，在塔周遭建造小型寺院，便稱之為塔頭。到了後代，凡是在寺院腹地中，高僧退隱後所住的小寺院，也叫作塔頭。

大德寺的塔頭多，代表歷代應該出了不少重要人物。

京都寺院的精采處，我覺得，正是那些創造寺院歷史的人。也正是因為人，寺院的身世也變得波瀾曲折起來。

大德寺是鎌倉時代的寺院。

鎌倉時代後期，幕府將軍便設定了「寺格」，形同各寺院的地位排行榜，最高級稱為「五山」，到了室町時代，「寺格」發展得更細膩，除了五山，還有十剎、諸山、林下等不同等級。

大德寺曾經跟後醍醐天皇關係良好，天皇便將大德寺列入「京都五山」，與天皇對峙的室町將軍足利尊氏當然感到不滿，拿下政權後，便將大德寺踢出「五山」之外。大德寺一度掛在「十剎」的第九位，後來索性離開政府的保護傘，成為「林下」，形同是主流核心外的寺院。

失之東隅，收之桑榆。大德寺沒了政府的支持，卻得到了貴族、武士、商人和文化人的支持。室町時代晚期，大德寺的伽藍因戰火而燒失，又有知名的「一休禪師」奔走重建工程，大德寺宛如鳳凰浴火，反而更加興盛。

一休宗純，也就是民間稱謂的「一休和尚」，是大德寺再興的關鍵人物，也是因為他，很多茶道師特地前來學禪，包括了最知名的千利休，也吸引了豐臣秀吉等戰國武將在此接受歸依。

從「京都五山」，到「林下」，再翻身成為高人氣的知名禪寺，寺院中，塔頭林立，大德寺的盛衰史，也是一則充滿「禪味」的寓言了。

在大德寺，常態公開的塔頭有四座，分別是大仙院、龍源院、瑞峰院、高桐院。造訪大德寺時，因為瑞峰院進行整修，加上時間有限，我只有機會看了前兩者。

大仙院的枯山水，像是三部曲的敘事詩，描述一條河的歷程，先是從上游揭開序幕，

危石聳立，水流湍急；接著，水流演變成大河，水上有船；最後，則是一片平坦的白砂，代表大河入海。

龍源院的枯山水，則是四首輕巧的俳句。規模較大的兩個庭，「一枝坦」以樹木、苔、石、白砂展現龜島、鶴島、蓬萊島，是典型的枯山水景觀；「龍吟庭」不用白砂，而是以青苔覆滿地面，既可象徵海，也可以看成是雲，而石則成了聳立在雲海中的須彌山。因為是一派青綠，少了雕琢的刻意，反而更顯自然純樸。

至於較小的兩個庭，「阿吽的庭」與「東滴壺」，都是簡單的石與白砂的組合，白砂上畫出筆直的水平線，營造出石與石之間的張力。

觀賞龍源院的枯山水，我覺得，也像是喝茶，只是簡單的水和茶葉的組合，滋味淡淡，卻讓人感到心情很平靜。

茶，當然想到千利休。

千利休的茶道，深刻影響了大德寺的禪風，然而，也是因為大德寺，導致了他的死亡。歷史記載，千利休協助大德寺建造三門（雙層的山門），寺方為了感謝他，便在上層安置了他的木像，這舉動觸怒了豐臣秀吉，因為他每次進入山門，形同從千利休下方通過，於是，他要千利休切腹自盡。

（豐臣秀吉為何賜死千利休，「三門」可能只是個藉口，據說真正的原因，恐怕還是千利休捲入了豐臣秀吉晚年的政治鬥爭。）

死前，千利休留下了遺言：人世七十，力因希咄，吾之寶劍，祖佛共殺（大意是：回顧這一生七十年，有悲喜、苦樂、得失、榮辱，如今人生將至終點，我對生不執著，對死亦無恐懼。）簡短的文字鋪陳出一片枯山水，那是千利休經歷人生百態，最後看到的「間」。

大德寺

地址：京都府京都市北区紫野大德寺町53

交通：搭京都市巴士在「大德寺」前下車。

http://www.rinnou.net/cont_03/07daitoku/

謎樣「石頭記」

龍安寺

方丈庭園

到龍安寺的人都會做同一件事，就是在方丈庭園，數石頭。

「方丈」即寺院主持的住處。龍安寺的方丈，有一片枯山水庭園，白砂中，共安置了十五枚石頭，但是，不論從哪個角度，數出來最多只有十四枚石頭，總是會少了一枚。

有種說法是，十五夜，月圓，因此十五也有「圓滿」之意，放在佛教裡，代表「了悟」。十五塊石頭中，只能數到十四塊，意在提醒世人不要滿足眼前的現狀，應該要更努力修行，追求最後的「了悟」。

慚愧的是，我連十四塊石頭都數不到，數來數去，不是十二，就是十三，「我和『了悟』之間，還有很遠的距離啊！」只能這樣地自嘲著。

不過，龍安寺方丈庭園的魔法，還不只是如此而已。

京都，寺院多，庭園也多，即使是有特色的庭園，要在眾多競爭者中脫穎而出，成為熱門人氣景點，就像「星光幫」要進入「前十強」，甚至是「前五強」，除了要靠實力，也得運氣好。

龍安寺的方丈庭園，本來就屬「名庭」等級，然而，知音有限，每天的訪客不過三、四十名。直到一九七五年，英國女王伊莉莎白二世造訪京都，來到了龍安寺，對這座庭園讚不絕口，有了女王的「加持」，龍安寺的人氣指數直線飆漲，據說，現在每日的參觀人數都上看千人。

然而，讓女王都為之著迷的龍安寺石庭，卻是一座謎的庭園，營建年代不詳，造型意圖不詳，至於庭園由誰而建，也沒有肯定的答案。

謎題一，何時所建？

寺院本身的身世倒是脈絡清楚。龍安寺是室町時代武將細川勝元創建的寺，當時的武人往往具備很深的文化涵養，像細川勝元，不僅懂和歌、繪畫，還研究醫術，著有醫書，甚至連廚藝也不錯，拿手菜是鯉魚料理。

室町時代盛行禪宗，武將很熱衷建禪寺，細川勝元也不例外，在一四〇五年創建了龍安寺。寺院曾一度在戰火中燒毀，由細川勝元的兒子細川政元重建。學者推論當時還沒有方丈石庭。

推論的依據是，一五八八年戰國時代名將豐臣秀吉曾經來此賞櫻、詠和歌，卻無一字提及石庭，不合常理，而且，當時的方丈庭園有舉行儀式的功能，也不太可能設計成石庭的樣貌。

不過，一六一九年寺院制度出現革新，方丈前庭不必再以儀式為訴求，可以建造鑑賞型庭園，從此，各禪寺的方丈前庭紛紛出現枯山水。一六八〇年，江戶時代學者黑川道祐造訪了龍安寺，開始有了方丈石庭的文字紀錄。

從這些歷史線索，大約可以判斷龍安寺石庭方丈的營造年代，應該在一六一九年到一六八〇年之間。

謎題二：石庭的造型意圖為何？

在京都眾多的枯山水風景中，龍安寺的石庭能異軍突起，關鍵在於使用了西洋美術中的兩大技巧。

一是「黃金比例」，也就是一比一・六一八，是事物看起來最和諧、最具藝術感的比例，從植物界的葉脈和花瓣、鸚鵡螺的內部螺紋，到希臘神廟、達文西的人體畫，都可以找到「黃金比例」。

龍安寺石庭的十五塊石頭，共分五組，以五、二、三、二、三之數配置，在空間上的佈局，並非隨興鋪排，而是遵循著黃金比例的原則，營造出嚴謹的秩序感。

二是「遠近法」。京都的庭園中，運用「遠近法」的庭，在天龍寺和龍安寺，前者是利用嵐山和龜山「借景」，透過水池和人的距離變化，產生山頭時遠時近的錯覺效果，至於龍安寺，沒有天然的山作為「道具」，就用人工的土牆和屋頂來製造遠近感。

就人的視覺來說，在水平線上，同樣高度的物體，近者較高，遠者較低，龍安寺的石庭用油土牆（油是菜油）圍住三面，土牆上覆蓋著屋頂，右端深處的屋頂，較左端深處低，藉高低變化，讓人有遠近的錯覺。

當人站在石庭的左端，以對角線的方向，朝右端土牆看去，因為左高右低，在視覺上，右端土牆變得比較遠，庭園的空間感被拉長。相對地，當人移到石庭的右端，再以對角線的方向，朝左端土牆深處望去，右低左高，左端土牆變得比較近，庭園的空間感似乎也變得比較窄。

東京藝術大學教授布施英利的詮釋更有想像力，他把白砂視為水的意象，站在左端時，面對土牆的距離是前方近、右方遠，人像是站在河中，而河水向右邊的大海流去；

若是站在右端，面對土牆的距離是前方遠、左方近，則變成人在海中，而左邊是海岸。一個石庭，兩個世界，既是河，又是海。

（我按照這樣的原理，實際進行測試，發現遠近感並沒有那麼明顯，會不會就跟數石頭一樣，其實是我太魯鈍了？）

謎題三：石庭究竟出自何人手筆？

建築學者宮元健次從石庭可能建造的年代，到石庭採用的西洋手法，推論龍安寺石庭的創作者應該是小堀遠州。

小堀遠州，何許人也？他是江戶時代初期的茶人、作庭家和建築家，當時已有傳教士帶進西洋的文化，對小堀遠州的造庭藝術有很大的影響，他為大德寺和南禪寺所造的石庭，同樣運用了「黃金比例」，加上江戶時代初期的傑出石庭，多是他的作品，因此龍安寺石庭很可能出自小堀遠州之手。

只是，既是知名作庭師的作品，卻沒留下任何文獻資料，這又是一個難解的謎團了。

在龍安寺的石庭，我數著石頭，不管怎麼數，總是無法數得完整，就像是這座庭園的真相，總是有一部份隱匿在眾人可見的範圍之外。

學者雖然努力扮演歷史的福爾摩斯，從各種蛛絲馬跡，判斷小堀遠州是「始作庭者」，但是，有沒有一種可能，「第十五塊石頭」才是真正的關鍵，而真相，會讓所有人跌破眼鏡？

白砂中，十五塊石頭靜靜地擺開陣勢，那是一盤等待破解人的「玲瓏棋局」。

龍安寺
地址：京都府京都市右京区龍安寺御陵下町13
交通：京都市巴士59號「龍安寺前」下車；京福電鐵「龍安寺」站下車徒步約七分鐘。
http://www.ryoanji.jp/

重森三玲的石頭

東福寺

方丈庭園、靈雲院、龍吟庵

那個午後，留下了一幅清晰的畫面，在我腦海。

兩個西方人、一個日本人，加上我，共四人，在東福寺的靈雲院。院很小，三邊包圍著枯山水。四個人，或坐或站，都不發一語，靜靜地看著陽光籠罩的枯山水庭園。兩個西方人相繼離開，然後日本人也退場，剩我一人，獨自擁有整片枯山水。

地上的白砂，以石頭為中心，畫出一圈圈同心圓，望久了，突然覺得那些同心圓化成了聲波，像是我曾經聽過的西藏頌缽，噹地一聲，空氣中，低頻波嗡嗡地劃開，像是可以直接穿透我的身體。

突然間，彷彿置身於日本作家池澤夏樹在《靜物》（スティル　ライフ）所描寫的場景，恍惚感到白砂鋪陳的大海一寸一寸地往上升，一直升高到跟天同樣的高度。海變成了雲。

靈雲院的枯山水，是昭和時代作庭家重森三玲，重整復建的庭園。

京都的庭園史，由夢窗疎石樹立典範，他四十歲才作庭，出手皆成經典，六百年後，重森三玲也是年過四十歲，才投入作庭，最後成為一代作庭大家。

不過，夢窗疎石是年輕時候專心學禪，長期浸淫山林自然之間，再透過庭園造形，傳達他的佛法體悟；相較之下，重森三玲則是在藝術之路上，幾經跌宕，終於能以庭園創作大放光芒。

重森三玲，其實原本想當的是畫家。

年輕時學的是日本畫，對於茶道、花道，也有涉獵。二十一歲，他滿懷雄心壯志到東京，希望能在畫壇闖出一片天地，然而，東京人才濟濟，同儕的耀眼才華，讓重森三玲深受打擊。經過東京的洗禮，重森三玲重新檢視自己，他認為與其追求技術面的精進，他更需要經營思想面的成熟，於是下定決心要努力研究日本的思想和美術史。

二十七歲那年，發生關東大地震，重森三玲返回老家岡山縣。他務農為生，在村子裡辦哲學講座，並積極爭取地方上的八幡宮列入國家的文化財。當時，政府負責文化財業務的人員要下來訪視，因為鄉間既無旅館，也無民宿，於是重森三玲出面接待住宿。或許是為了留給政府人員好印象，他將老家的庭園做了一番整修，算是他的作庭「初體驗」。

三十三歲，重森三玲為了更深入研究美術，移居京都，最初是為了研究花道，後來，重心轉移到庭園史。重森三玲發現，各庭園雖然保存了建築物相關資料，但是庭園本身

的紀錄卻相當有限，尤其是經過一九三四年的大颱風，近畿不少名園受損，但是沒有紀錄，修復就有困難，於是他決心展開全國性的庭園大調查，歷經四年，完成了二十六卷的庭園圖鑑。

經過地毯式的田野調查，重森三玲的結論是，從江戶時代中期以降，日本庭園的藝術性即大幅衰退，若不振弊起衰，他所處的昭和時代，在庭園史上將是一片空白，屬於藝術創作者的熱血，再一次在他心頭燃燒。

在進行東福寺的庭園調查時，重森三玲得知寺方有意修復庭園，在「捨我其誰」的心情下，接下了作庭的工作，從庭園研究者的身分，正式成為庭園創作者。

東福寺，位於京都東山區的東南端，禪寺，寺內「塔頭」林立，由重森三玲重新創作的枯山水庭園，除了方丈庭園和靈雲院，還有龍吟庵和光明院。

畫家出身，又透過自學，成為庭園史研究者，重森三玲賦予日本庭園什麼樣的新面貌？

我的心得是，重森三玲是以古調譜新曲。

他初試身手的方丈庭園，分東南西北四庭。南庭是傳統的枯山水景觀，白砂上聳立巨石，氣勢磅礴，其他三庭卻展現全新手法；像東庭以七枚白色圓柱石，象徵北斗七星，稱為「北斗的庭」；西庭和北庭的設計更是令人耳目一新，前者是將灌木修剪成方形，後者則在方形石鋪上青苔，綠色、白色相間，如棋盤展開。

這種雙色方格交織的圖案，因為江戶時代歌舞伎藝人佐野川市松用在戲服上，蔚成流行，又稱為「市松模樣」，在當時應該算是很「潮」的圖紋，甚至成為室內設計的元素；像桂離宮的松琴亭中，壁龕和拉門的裝飾圖案，便是「市松模樣」。不過，把「市松模樣」用在枯山水創作中，卻是前所未見。

重森三玲的創意，在於將畫的概念，巧妙導入庭的設計，在枯山水的傳統文法上，添加新穎的視覺細節，既有禪宗的氛圍，又有抽象畫的趣味。

再舉靈雲院的枯山水為例，主題是佛教世界中的九山八海，石和白砂之外，重森三玲為了表現溪谷上的雲霞，在西庭設計了雲朵的圖形，打破「白、灰、綠」的框架，鋪以棕色砂，為枯山水的色彩運用，開發出更多的可能。

東福寺另一塔頭龍吟庵，每年十一月才開放參觀，枯山水的用色更加大膽。

西庭，是「龍門的庭」，描繪龍破水而出，穿過黑雲，騰空飛出的情景。在視覺上，白砂是海，黑砂是雲，砂中的石組是龍身，庭緣的籬笆上甚至還設計了閃電的線條。靜態的庭，卻是動能十足，宮崎駿的動畫「神隱少女」中，千尋騎著白龍凌空飛去，大概也是類似的氣勢。

東庭，是「不離的庭」，則是取材東福寺第三代住持大明國師童年故事，當時他身染熱病，並遭遺棄於山中，又遇狼群來襲，所幸身邊有兩隻忠犬守護主人，所以稱為「不離」。庭中數石，分別代表人、犬，以及狼，特別的是，地面鋪的並非白砂，而是赤砂，一片赭紅中，狼與犬的對峙，更顯戲劇張力。

關於日本庭園，特別是枯山水，有種很「禪味」的說法。

當你面對庭中的石頭，有時候會感覺石頭也在默默注視著你。石頭無眼，如何能注視人類？原因是，就像我們在看電影或戲劇時，會產生移情作用，面對精心設計的庭園，人們也可能投入情感，自然景觀轉變成內心的風景，石頭也成為某一部份自我的化身。因此，注視你的目光，其實來自你自己。

我還沒辦法體會這種「人庭合一」的境界。但是我記得那個午後，當我獨自坐對靈雲院的枯山水時，好像可以一直靜靜地坐下去，直到白砂鋪成的海，上升到天的高度，直到我發現自己只是天地之間的一塊石頭。

東福寺

地址：京都市東山区本町15丁目778

交通：搭JR奈良線．京阪本線電車「東福寺」站下車，往南徒步約七分鐘；或是搭乘京都市202、207、208號巴士「東福寺」下車。

http://www.tofukuji.jp/index2.html

佛像的低語

微笑的菩薩

廣隆寺

彌勒菩薩半跏思惟像

在人類所有的表情中，微笑最美。眼睛微微瞇起，嘴角上揚，拉出一個淺淺的弧線，那是一種溫柔的表情。如果替每種表情調配一個顏色，微笑一定是偏向暖色系，具有療癒效果。

微笑，也代表心領神會。當你沉思許久，終於悟出了答案，你也會不自覺地面露微笑。

微笑，還有極強的感染力。面對他人的微笑，我們通常會以微笑回饋。人與人之間，如果能發展任何一種美好的關係，第一步通常就是微笑。

而微笑，也是最適合菩薩的表情。

在廣隆寺，有一尊微笑的菩薩。

彌勒菩薩半跏思惟像。

廣隆寺，是京都最古老的寺廟。從這裡拉出一條看不見的線，牽繫了日本和朝鮮半島。

關於廣隆寺這座彌勒菩薩半跏思惟像，由於使用的材質是赤松，而非當時盛行的樟木，因此被認為是朝鮮半島上新羅王國送來的禮物。根據《日本書紀》，西元六〇三年，聖德天子賜給了秦河勝這尊彌勒菩薩半跏思惟像，秦河勝便以這座菩薩像為本尊，創建了廣隆寺。

秦氏一族，即是從朝鮮半島的新羅王國渡海來日，也帶來了土木灌溉、養蠶、紡織、造酒、曆法，在平安遷都之前，秦氏家族便以現在京都的太秦一帶為地盤，憑著優異的

廣隆寺

地址：京都府京都市右京区太秦蜂岡町32

交通：搭京福電氣鐵道嵐山本線（嵐電）在「太秦廣隆寺」下車，徒步約三分鐘。

http://kouryuji.style-xyz.com/

技術能力，打下一片天地。

秦氏家族很早就展露了治水的本事。在秦河勝之前，就有秦河公這號人物，在桂川上建造「堰」（水壩），將水導入田中，因此從渡月橋以下都稱之為「大堰川」。

到了秦河勝這一代，更成為聖德太子眼前的當紅人物。聖德太子是日本引進佛教的關鍵人物，他收到新羅王國致贈的彌勒菩薩半跏思惟像，交由有朝鮮血統的秦河勝去創建寺院，也算是相當名正名順。

在日後的平安遷都，秦氏家族也是一大關鍵。

京都原稱平安京，而恒武天皇則以平城京（也就是現在的奈良）為都，但是因為皇位繼承問題，造成恒武天皇和弟弟早良親王相互對峙。為了重新構築自己的政治勢力，恒武天皇決定遷都長岡京，建京的任務就交由寵臣藤原種繼。

不料，藤原種繼遭到暗殺，恒武天皇利用機會整肅敵人，將弟弟流放淡路島，早良親王含恨而死，怨魂不散，不僅天皇的親人紛紛暴斃身亡，遷都到長岡京之後，也因為暴雨造成洪水問題，必須再另尋新都的地點。

秦氏家族過去曾經成功解決了平安京的洪水問題，因此，平安京成為新都的最佳選擇。平安遷都後，秦氏家族深受天皇的重用，西元七九七年，廣隆寺也被列為官方的寺廟。

由於廣隆寺是木造寺廟，火是大敵，千年下來，經過多次的火災，最初的建築物都化為歷史的灰燼，現存的廣隆寺多是後人的重建。

很神奇的是，那尊彌勒菩薩半跏思惟像，以及寺中其他諸多佛像，卻能從一次次的「火劫」中倖存，跨越千年的歲月，來到我們眼前。

彌勒菩薩半跏思惟像，是日本國寶第一號。

身形修長，坐姿是「半跏踏下坐」，右腳盤起，左腳踩著蓮台，右手類似「思惟手」，食指和中指彷彿要輕輕托起臉頰，眼睛細長，嘴角微微上揚，整體的線條極其纖細、優美。

半跏思惟這個姿勢，據說是佛陀在雪山修行的姿態，為了開悟而冥想。還有一種說法是，佛陀入滅後五十六億七千萬年後將重現，而祂的冥想，是在思考該如何解救廣大的眾生。

如果說，蒙娜麗莎的微笑是一種謎樣的美，彌勒菩薩半跏思惟像的微笑，則是帶著慈悲的溫柔。

在廣隆寺，除了微笑的彌勒菩薩，還有一尊哭泣的彌勒菩薩。

那是聖德太子過世後的第二年，百濟王國使者來到日本，為了供養太子而致贈的另一尊彌勒菩薩。據說，在梵語中，「彌勒」代表「友情」，因此，彌勒菩薩所象徵的，即是與其同苦，與其同惱。

因此，以哭泣姿態出現的這尊彌勒菩薩，或許更貼近「彌勒」本意。而百濟使者贈以這尊菩薩來供養聖德太子，哀悼的心意便盡在不言中。

造訪廣隆寺，是個十一月的午後，陰雨綿綿，濕冷得讓人有點提不起勁。

就像多數擁有「國寶」的寺院，廣隆寺的靈雲殿不准拍照。我默默收起相機，目光順著一整排佛像巡梭過去，然後就看到「她」了，那尊微笑的菩薩。

在菩薩面前坐下，在室內微弱的光線下，與一千四百年前的這抹微笑默默相對，我覺得自己好像變得透明了。

走出靈雲殿，雨已經停了。我拿出相機，在雨後的庭院徘徊，一時還不想離去。草木讓雨水一洗，褪去塵氣，那綠，是透著靈氣的青翠。幾株粉色的山茶花，娉娉婷婷，點綴晶瑩雨珠，花瓣的弧型線條，讓我聯想起菩薩的微笑。

原本，在佛教傳入之前，日本人崇拜大自然，萬物皆有神明。或許，從萬物身上，都能看到菩薩的微笑。

抬起頭，光線微明的天空中，拉出一道彩虹。那是我在京都看到的第一道彩虹。也是微笑。天空的微笑。

「數大」的力量

三十三間堂

千手觀音菩薩像

如果把寺院看成一座舞台，主要的三種角色，分別是：如來、菩薩，以及明王。如來很崇高、很莊嚴；明王太兇、太威嚴，而我，最喜歡優美的菩薩。

結髻，頸帶瓔珞，身穿飄逸的天衣，上臂、手腕都有釧環，手持蓮花、寶珠，或是水瓶，端坐在蓮台上。菩薩的美，是一種慈悲的麗姿。

在梵文中，菩薩，即「菩提薩埵」，「菩提」代表「覺悟」，「薩埵」意指下化眾生，因此菩薩即是「為求覺悟而下化眾生」。菩薩尚未成佛，因此扮演著輔佐如來的角色，像釋迦如來身邊有文殊菩薩、普賢菩薩；阿彌陀如來則有勢至菩薩和觀音菩薩。

菩薩像是以出家前的釋迦牟尼為原型，因此頭戴寶冠，披蓋飾物，衣衫華美，表情溫柔。不論在精神上或是造型上，菩薩似乎都比較「親民」。

眾家菩薩之中，代表者當然是觀音菩薩，特徵之一，是以千變萬化之姿，解救芸芸眾生，有千手觀音，或是十一面觀音。在京都，要看觀音菩薩像，如果是要以量取勝，就去三十三間堂。

一共是，一千零一尊觀音菩薩像。

好壯觀。

雖然事先已經在書上看過相關照片，但是，當自己身臨其境，直接面對一千零一尊千手觀音菩薩像，在視覺上，仍然是極大的震撼。

數大就是美，絕對有其道理。

無關宗教信仰，而是被這股美的氣勢所折服，我在最中央那尊千手觀音菩薩坐像前面，雙手合十，靜靜地閉上眼睛。

三十三間堂，是妙法院中蓮華王院的本堂，由平安時代後期的後白河法皇命令當時權傾一時的平清盛所興建，作為御所之用，因為正殿有三十三支立柱而得其名。

事實上，早在這座蓮華王院之前，就已經有一座三十三間堂，由平清盛的父親平忠盛所建，稱為「得長壽院」，裡頭就供奉了一千零一尊觀音菩薩像。後來，得長壽院因為大地震而崩壞，兩處的三十三間堂便併為一處。

平安時代邁入尾聲，進入武將當家的鎌倉時代，又發生火災，燒掉了三十三間堂部份的建築和佛像，因此，現存的一千零一尊觀音菩薩像，並非同一個時代的作品，而是有「前、後梯次」之分，平安時代的作品是一百二十四尊，鎌倉時代的重建佛像是八百七十六尊，室町時代則有一尊。

但是，一尊三公尺高的千手觀音坐像，便已經氣勢驚人，為什麼還要再供奉一千尊千手觀音站像？

每個時代都有獨特的價值觀。從平安時代中期開始，在京都，一連串的政治動亂和天災，皇族也好，武士也好，庶民也好，都深刻感到人生無常，即使過了今天，也不知道明天會在哪裡。人心惶惶不安的結果，造成「物量信仰」的觀念蔚為風潮。

簡單說，就是相信物件的數量愈多，愈能為人們帶來救贖。

觀音菩薩有三十三變，身上有四十種手，一隻手同時可以解救二十五種世界，自然就成為「物量信仰」的最佳對象。三十三間堂的一千零一尊觀音菩薩，數字的背後，代表的是人心對於從苦難中獲得救贖，是多麼渴望。

江戶時代的戲曲作家瀧澤馬琴曾經說：「三十三間堂的觀音，多如諺語。」不過，在三十三間堂，可看的不只是菩薩，還有四天王、二十八部眾，以及雷神和風神，都扮演著守護觀音菩薩的角色。

鎌倉時代，武將獨領風騷，當時流行的佛像風格，也走向力量的表現，特別是「肉體美」，因此，由鎌倉時代佛師所雕刻的二十八部眾，每尊不但眼睛鑲入水晶，稱為「玉眼」，營造現實感，而且幾乎每一尊都是肌肉虬結，線條漂亮得像是天天上健身房鍛鍊出來的好身材。

相較於觀音菩薩們的慈眉善目，身形優雅，十二部眾卻是孔武有力，或是橫眉豎眼，或是手持武器，腳踩猛獸，算是善盡守護神的角色，不過，多少也有種「美女」與「野獸」的對比趣味。

特別是擺放在兩側的雷神和風神。雷神身背太鼓，頭髮直豎，風神肩擔風袋，皺眉怒視，兩尊神像高度都超過一公尺，表情栩栩如生，幾乎下一秒，就可以聽到雷聲鳴，風呼嘯。

然而，我不禁想起平清盛這個人。

他是文學經典《平家物語》的靈魂人物之一，以武將身分，當上了平安時代的太政大臣，權傾一時，不過權力欲望高漲的他，不僅硬將女兒嫁給高倉天皇，讓外孫登基成為安德天皇，還曾經囚禁後白河法皇，控制整個朝廷，在當時被視為「沒有平家一族，其他人就沒法生存。」

不過，平氏家族雖然風光一時，然而，平清盛在六十四歲那年，與死對頭源義朝交戰時，身染熱病過世，整個家族很快也走向滅亡。

或許，「數大」的確有其力量，平清盛用一千零一尊觀音菩薩像，展現了「數大」的奇觀，但是，他沒有參透的是，太多、太大權力的欲望，反而埋下惡根，讓他的家族走向盛極而衰的命運。

三十三間堂

地址：京都府京都市東山区三十三間堂廻町 657

交通：搭京都市巴士 100、206、208 號在「博物館三十三間堂前」下車。

http://sanjusangendo.jp/

三D版曼陀羅

東寺

五大明王像

明王像很兇。

怒髮、橫眉、瞠目、獠牙，而且多面、多臂、多足，手持弓、寶劍、繩索等武器，或是抓著扭動的蛇，身後有熊熊火燄，模樣十分嚇人。

明王像，不是如來像的安詳莊嚴，也非菩薩像的溫柔慈悲，而是一派兇相，目的是為了懲惡鬼、斬苦惱，這樣的形象，讓人聯想起中國的鍾馗。

明王信仰，其實跟印度教有關。

印度教中，把對神的讚歌、祭詞、祈禱咒術，稱為「真言」，意指「真實的智慧」，而持誦這些「真言」，便可以得到神靈的護祐，進而禳災、招福。由於這樣的宗教論述，相當符合一般老百姓的需求，於是成為普遍的民間信仰。

佛教，原本的立場是以出世脫俗為宗旨，一開始並不贊成這類治病、延命、招福的「真言」，只是隨著佛教的發展，一方面，愈來愈多印度教徒轉信佛教，無形中，便把這套咒術密法帶進佛教，另一方面，佛教為求推廣之便，也漸漸地吸收融合了印度教的概念，後來便發展出「真言密教」這一派別。

密宗在唐玄宗時期傳入中國，後來，卻因為唐武宗篤信道教，採取滅佛策略，除了拆毀佛寺，也強迫僧尼還俗，嚴重打擊了密教在中國的發展。

然而，在海的另一端，卻有平安時代初期的「留學僧」空海，到中國習得「真言密教」精髓，返回日本後，將所學發揚光大，開創了日本佛教中的「真言宗」。

在密教中，宇宙的中心為「大日如來」，而明王，就是「大日如來」的化身。只不過，明王代表的是「忿怒相」。

明王為何忿怒？

第一種解釋，是要激起非佛教信徒的恐懼之心，進而歸依佛教，即所謂的「扮黑臉」。第二種解釋是，要退散惡鬼，打擊佛的敵人，並斷絕眾生的煩惱和慾望，有點類似佛教世界中的「特種部隊」。

無論是哪一種解釋，明王的兇，屬於「面惡心善」，有如部隊中的「魔鬼班長」，要求嚴厲，手段霹靂，出發點其實是「恨鐵不成鋼」。「忿怒相」，只是一種教化的「策略」。

在京都，要看明王像，首選是東寺。

東寺，空海的寺。

空海返回日本後，以一個留學僧的身分，成為「真言宗」的創始者，也是因為他懂「策略」。

宗教的興衰，與統治者的態度關係密切。佛教能夠在日本生根，飛鳥時代的聖德太子就扮演了舉足輕重的角色。而與空海同屬「留唐派」的最澄，也是因為獲得桓武天皇的支持，得以發展天台宗，空海當然也深知，必須爭取統治者站在自己這一邊。

桓武天皇駕崩後，平城天皇繼立，再讓位給嵯峨天皇。嵯峨天皇喜愛書法，正好空海擅長書法，揮毫書寫《世說新語》美文為屏風，獻給天皇，天皇龍心大悅，兩人開始往來。空海非常受寵，他上奏天皇，請求賜給高野山作為密教的修行道場，不到二十天，天皇便答應他的要求。空海五十歲時，嵯峨天皇又把桓武天皇所建的「官方寺院」東寺，賜給了他。

有了「王法」的「加持」，空海推廣「佛法」當然有如順水行舟。

空海在東寺建了講堂、五重塔，並把從中國帶回來的佛像、佛畫、經典等，全部移到了東寺，東寺成了真言密教的「大本營」。在東寺講堂中，空海設計了「羯磨曼荼羅」，其中，就有五大明王像。

「曼荼羅」是梵語，代表圓形或方形的區域，內有諸佛與菩薩，因此惡魔不侵。「曼荼羅」有四種，其中的「羯磨曼荼羅」，是以雕像組成的空間，又稱為「立體曼荼羅」，用較時髦的字眼來形容，就是「三D版曼荼羅」。

東寺的「羯磨曼荼羅」配置，中心區是如來部，以「大日如來」為中心，東方是菩薩部，屬「慈悲相」，西方就是明王部，屬「忿怒相」，加上兩側的「天部」（形同佛教中的護法神或守護神），共二十一尊，頗有「全體總動員」的懾人氣勢。

五大明王中，居中的是不動明王，坐姿，右手拿劍，左手握繩索，表情肅殺，也是五大明王中，唯一沒有多面多臂的姿態。

像東方的降三世明王，負責擊退貪、嗔、癡等三毒，四面、八臂、三目，腳踩異教神；南方的軍荼利明王，一面、八臂、三眼，其中雙手、雙足都纏著赤蛇，另一特徵則是頭髮呈火燄狀；西方的大威德明王，則有六面、六臂、六足，騎著水牛，代表戰爭的勝利；北方的金剛夜叉明王，三面、六臂、五目，據說是負責攻除人心中的惡鬼。

空海是在唐朝的長安學到了密教的奧義，因此，東寺的密教佛像也偏向唐朝的濃郁風格，色彩華麗，表情生動，身體開始強調「肉身感」，甚至連佛像的材料，也從原本的金銅造，改為比較有生命溫度的木造。這種帶有「官能美」的佛像風格，用在充滿奇幻色彩的明王像上，視覺效果更是特別搶眼。

造訪東寺，是個初冬的早晨。

講堂裡，隱約透進陽光，偌大的空間中，佇立著二十一尊佛像，宛如一座龐大的劇場，從「慈悲相」到「忿怒相」，羅列著各種神佛的姿態。

記得建築學者宮元健次說過的，佛像究竟還是由人的手所刻出來，佛像的姿態，反應的是人的內心——因為恐懼死亡，所以刻了阿彌陀如來；因為渴望脫離病痛，所以刻了藥師如來；因為自知內心軟弱、經常遭慾望蒙蔽，所以刻了不動明王和金鋼力士，希望自己能獲得斬斷煩惱的力量。

因此，眼前這片壯觀的「立體曼荼羅」，就是一座人性的劇場，因為人心有善也有惡，所以佛才會有「慈悲相」和「忿怒相」。我們注視著佛像時，佛像也在注視著我們。空海巧妙地佈置了「立體曼荼羅」，讓進入這個空間的人，跟自己的內心對話。

——那麼，此刻會是哪一座佛像正默默地看著我呢？

東寺

地址：京都府京都市南九条町1番地

交通：搭京都市巴士78號、19號在「東寺南門前」下車；搭公車42號，在「東寺東門前」下車；搭公車16號，在「東寺西門前」下車。

http://www.toji.or.jp/

時代的映畫

父親的眼淚

智積院

長谷川等伯的「楓圖」

畫面中央，巨大的楓樹主幹，斜斜地橫生枝條，楓葉四下顫動，紅顏色，黃顏色，綠顏色。落英繽紛的楓樹下，怯怯地開滿了纖細的草花。

明明是靜態楓樹，看久了，卻錯覺真有一株楓樹從畫面透出來，枝條不斷地抽長，秋風蕭颯，隨時就有一片楓葉飄到我身上。

我屏住了呼吸。

智積院中的襖繪作品，「楓圖」。

東京藝術大學教授布施英利曾經用電話來比喻日本傳統繪畫的不同型態，相當有趣。——掛軸，或是扇子，像是可以帶著走的手機；屏風，就是一般家用電話，電話機固定，但是話筒可移動，至於傳統的電話，電話機和話筒同為一體，則是「襖繪」。

「襖繪」，是日式建築中紙拉門上的繪畫，和屏風畫合稱「障壁畫」，除了切割生活空間，同時也發揮裝飾的效果，是日本很重要的繪畫形式。

「楓圖」，作者是長谷川等伯，日本戰國時代知名的畫家。

他原是能登地方上的佛畫師，三十三歲那年，為了追求事業上的突破，便帶著年幼的兒子久藏來到京都，當時一般人平均壽命不過四十歲，長谷川等伯的決定，形同是人生的最後一戰。他和茶道大師千利休結為好友，透過這位貴人的介紹，長谷川等伯為不少知名的寺廟作畫，聲勢鵲起，他和同為畫家的兒子久藏，還有其他的追隨者，便形成了「長谷川派」。

當時畫壇上有一個龐大的勢力，由狩野永德率領的「狩野派」。狩野永德看這位企圖心很強的後起之秀非常不順眼，兩派畫師開始暗中角力。長谷川等伯在五十二歲那年，原本有機會為皇家的仙洞御所製作障壁畫，卻因為「狩野派」從中作梗，最後未能如願，不過，「狩野派」雖佔上風，狩野永德本人沒多久卻過世了。

當家的領袖殞落，「狩野派」陷入一團混亂，長谷川等伯卻接到了一個大案子，他要為豐臣秀吉新建的祥雲寺製作障壁畫，而「楓圖」就是其中的代表作。

「楓圖」，藏著豐臣秀吉身為父親的眼淚。

長久以來都沒有子嗣的他，好不容易晚年得子，但是愛兒鶴松才三歲就不幸過世，豐臣秀吉為了弔念幼子，便下令興建祥雲寺，而且必須在兩年內（鶴松的第三次法會之前）完成，長谷川等伯不但要跟時間賽跑，還處於「不成功，便成仁」的強大壓力下。

原來，晚年的豐臣秀吉喜怒無常，即使是一向寵信的茶師千利休，都狠心賜死，長谷川等伯心裡明白，若是任務搞砸了，他大概也是性命難保。

製作「障壁畫」是大工程，光靠長谷川等伯一人難以完成，兒子長谷川久藏自然是他重要的助手，只是在「楓圖」完成前兩個月，久藏便在二十六歲的盛年，突然間過世。

評論家認為長谷川久藏的畫風清雅，猶勝其父，智積院另藏有他的遺作「櫻圖」，圖中櫻樹綴滿白花，花間有新葉，從視覺上來看，是春色嫵媚，但是櫻花短暫的燦爛，彷彿也預言了他的人生。

痛失愛子的長谷川等伯強忍悲傷，將「楓圖」完成。這原本只是一個「客戶」交辦的任務，但是從久藏逝去那一刻，他變成和豐臣秀吉一樣，也是一個傷心的父親，他對於豐臣秀吉內心深處的痛，當然也再理解不過。

大功告成的「楓圖」，色彩華美而沉鬱，筆觸狂放又透露悲愴的情緒，豐臣秀吉看了十分滿意。「楓圖」的成功，讓長谷川等伯站上畫師生涯的巔峰，不過，他失去了最有繪畫天賦的久藏，缺乏強而有力的接班人，倒是死對頭狩野永德的孫子狩野探幽是名天才畫家，「狩野派」在江戶時期的畫壇，再領風騷。

長谷川等伯和狩野永德的纏鬥，雖然勢力互有消長，最後仍不免要化為塵土，不朽的是他們留下來的畫作。

在紅葉季節去智積院欣賞「楓圖」，應該是再適當不過了。

豐臣秀吉死後，德川家康接掌天下，祥雲寺遭到廢絕，包括障壁畫在內的所有建物，都移到了智積院，後來智積院雖遭火災和竊盜，「楓圖」依然完好地保留下來，如今安置在有空調的展示間，宛如嬌客，小心呵護。

看過「楓圖」，當我走回庭園，滿地紅葉，都化作長谷川等伯思念兒子的眼淚。

智積院

地址：京都府京都市東山区東大路通り七条下る東瓦町 964 番地

交通：搭京都市巴士「東山七条」下車。

http://www.chisan.or.jp/sohonzan/

稱霸畫壇四百年

南禪寺

狩野探幽的「喝水的虎」

虎，共四隻，一母虎，三幼虎。

母虎要帶幼虎渡河，一次只能帶一隻。問題是，幼虎中的老大，性情殘暴，如果母親不在身邊，牠就會吃掉其他的幼虎，母虎該怎麼做，才能順利將三隻幼虎渡到河的對岸？

「虎の子渡し」，這是南禪寺方丈庭園的主題。

母虎必須要帶殘暴的老大過河，返回；帶第二隻幼虎，同時帶老大回原岸，留下老大；帶第三隻幼虎過河，再返回，帶老大過河。如此來回三趟，才能讓三隻幼虎平安渡河。禪寺以枯山水表現這則寓言，無非是強調「渡」的困難。母虎要渡子虎，需經幾番波折，佛要普渡眾生，更是談何容易。然而，正因為「渡」很難，人更需要修煉智慧。

讓我感到好奇的，還有「虎」的意象。

人類看虎，心情很複雜。

虎很兇暴，血盆大口，牙尖爪利，會吃人，所以人很怕老虎；另一方面，虎是林中大王，威風八面，群獸臣服，是權力和威嚴的象徵，人又有點羨慕老虎。

或許，每個人心中都有一隻虎，貪婪、驕傲、凶暴，想要豪取、攻擊、掠奪，只是我們以人性和文明鑄成鐵籠，嚴密看守這隻虎。然而，那隻虎始終蠢蠢欲動，隨時等待機會出閘。

人生的苦，就在於我們無法馴服內心的虎。

從鎌倉時代開始，武將躍上政治舞台，在權力的食物鏈上，他們是高高在上的那隻虎。

然而，武將絕非只有頭腦簡單的武夫，他們能作戰，也懂文化。特別是到了戰國時代，織田信長、豐臣秀吉等知名將軍，都具備藝術修養，精通和歌、茶道，甚至連戰場上的裝扮也不馬虎。他們是人中之虎，既有致人於死的爪牙，也有尊貴傲人的皮毛。

最能反映這種「虎」精神的繪畫形式，就是障壁畫。

障壁畫，包括了襖繪（紙門上的繪畫）、屏風畫、壁畫，都是用來裝飾建築內部的大幅繪畫，畫風氣派而華麗，對於問鼎天下霸主的武將來說，以障壁畫作為權力的象徵，是再適當也不過了。

畫障壁畫，絕非易事，除了高明的構圖能力，也需要具備好體力。在室町時代崛起的狩野家族，由於擅長障壁畫，受到將軍的重用，到了江戶時代，甚至成為德川幕府的御用家族，影響力持續到明治時代，堪稱是日本美術史上的「虎家族」。

用現代企業經營的術語來說，狩野家族的所作所為，無疑就是「壟斷市場」，而且長達四百年之久，套一句財經雜誌報導成功案例的慣用句：他（們）是怎麼辦到的？

檢視狩野家族的歷史，除了歷代都有優秀人才誕生，維持家族光環不墜，有系統地培育人才，更是享有「市場獨佔權」的秘密武器。

狩野家族以狩野正信為首，據說出身低階武士家庭，憑著繪畫才華，成為幕府將軍的御用畫師，身價扶搖而上，而兒子狩野元信也承繼父業，從此，擔任畫師一職，似乎就成了該家族牢不可破的傳統。

狩野家族曾經出了兩位天才級的明星畫師，第一位就是狩野元信的孫子：狩野永德。

後人譽為「懷著五彩畫筆來投胎」的狩野永德，才氣縱橫，加上祖父的刻意栽培，年紀很小時，就有機會參與重要的畫作，狩野元信甚至大膽下斷言，「狩野派」未來的前途，全看這位孫子的造化了。

狩野永德果然不負期望，以豪放的筆觸、華麗的用色，獲得戰國名將織田信長和豐臣秀吉的賞識，負責製作安土城和大坂城的大型障壁畫，以時下的說法，就是「案子多到接不完」。可能真的是工作量太重了，勞心勞力，四十八歲那年，狩野永德便病逝京都。不過，他可以感到欣慰的是，他的孫子狩野探幽，繼他之後，再度將家族聲望推到巔峰。

狩野探幽，也是年紀輕輕就鋒芒畢露。十歲晉見德川家康，十六歲就成為御用畫師，二十歲獲賜在江戶城（東京）擁有個人的房產，年少得志的狩野探幽，對於家人也很照顧，把兩位同是畫家的弟弟叫到江戶來定居，最後都晉身為「奧畫師」，屬於御用畫師的最高一級，可以直接面見幕府將軍。

狩野家族能以一家之力，發展成長期獨霸畫壇的「狩野派」，子孫爭氣之外，另一個關鍵原因，則是完整的教育制度。

當時，要成為職業畫家，最主流的路徑，就是投入狩野派門下，接受畫師的訓練，從大量的臨摹中，學習繪畫的技術，學成後，授以畫號（作畫時使用的稱號）與免狀（畢業證書），之後就可以參與狩野派所包攬的繪畫工程。透過這套「人才育成」模式，狩野派的弟子遍佈各地，勢力也更為龐大。

光靠蠻力，只能逞強一時，要懂策略，才能長久稱霸，而狩野家族絕對是有智慧的老虎。

南禪寺，鎌倉時代所建禪宗寺院，因為位處禪林寺南方，故得此名。

在南禪寺，有一幅狩野探幽的障壁畫「喝水的虎」。

現代人畫虎，可以上網找老虎圖片、看「動物星球」，或是直接到動物園寫生；但是江戶時代，老虎並不是平日隨時可見的生物（如果有機會看到，大概也難逃虎口），狩野探幽畫老虎，怎麼畫？

觀察貓的動作，並參考從中國傳進的老虎繪圖，加上想像力，狩野探幽筆下的虎，或是低頭喝水，或是昂然行走於竹林間，姿態生動，相較於現代畫家所畫的老虎，並不遜色。

正因為不易親眼觀察，狩野探幽所畫之虎，是他心中的虎，全身肌肉團團隆起，盼顧間有威風凜凜，更接近虎的「氣勢」和「力量」。

但是，呈現在我們眼前的，到底不是真正的老虎，而是畫，由線條和顏料所組成，隱藏在畫面中的，其實是狩野探幽的力量。

南禪寺：

地址：京都府京都市左京区南禪寺福地町

交通：搭京都市巴士在「東天王町」或「南禪寺・永觀堂道」下車，徒步五分鐘。

http://www.nanzen.net/

美術館散步

細見美術館

繁華夢一場

橋口亮輔的電影「幸福的彼端」。

一對夫妻，丈夫是法庭畫家，妻子在出版社工作。妻子懷孕，卻意外流產，從此深陷憂鬱症泥沼，寡言的丈夫則以極大的耐心包容著妻子。後來，妻子進寺院靜養。某日，寺院的主持想請妻子為天花板作畫，「有名的畫家很多，但是我想看妳畫，曾經那麼接近死亡的人，畫出來的東西一定不一樣。」

妻子接下了任務。返家後，她對丈夫說：「你是學美術的，應該會喜歡伊藤若沖。」下一個鏡頭，是丈夫半夜醒來，看見妻子瀏覽著伊藤若沖的畫冊。

「是伊藤若沖啊！」我在心裡謂嘆著。

我也是伊藤若沖迷。

住在京都時，某天，不經意地瞥到電視上一個介紹日本國寶的節目，主題是江戶時代畫家伊藤若沖的作品，原本準備要出門的我，第一個反應是：「這個畫家好厲害！」當下就決定坐下來，把節目看完。

讓我驚豔的是伊藤若沖的「老松白鳳圖」。不同於中國式鳳凰的斑爛彩羽，伊藤若沖筆下的鳳凰卻是全身雪白，羽翼散發金色光芒，姿態十分高貴。然而，美術學者以儀器檢測，發現伊藤若沖並沒有使用金粉作為顏料，而是從畫布的內側，以銘黃色勾勒白羽上的紋路，這種手法稱為「裏彩色」，雖然不用金色顏料，卻能營造金色的視覺效果。

另一幅「群魚圖」，畫面中約有三十尾魚，種類不同，姿態迥異，伊藤若沖運用靈活的線條，和鮮明的色彩，讓每隻魚都有生動的「表情」。美術學者也發現，其中一尾魚，身上的靛藍色顏料，含有鐵的成份，並不是當時京都常見的顏料，顯然伊藤若沖用色十分講究，即使是一尾魚的靛藍色，他都願意花盡心思，尋找罕見的顏料來表現。

伊藤若沖屬於「大器晚成」型的畫家。

出身於京都的商家，父親從事的是蔬菜批發的生意，但是伊藤若沖對於從商毫無興趣，只是熱愛繪畫。二十三歲那年，因為父親過世，身為長子的他，只好接管家業，直到四十歲，大概自認責任已了，便交棒給弟弟，過起隱居生活，把全部心力放在繪畫上。

就像江戶時代多數畫家的養成，伊藤若沖最初習畫，也是先學狩野派的技法，但是他意識到自己就算學得再好，也難跳脫狩野派的格局，於是以臨摹法改學中國宋、元畫作，但是臨摹了千幅後，他又開始思索，再怎麼描畫其實都是別人筆下的事物，和自己總是隔著一層距離，如果他要畫自己的原創作品，該畫什麼呢？

伊藤若沖認為，身邊並無可畫的人物，也缺乏值得入畫的風景，只好選擇以動植物作為題材，但是像孔雀、翡翠鳥、鸚鵡這類珍貴禽鳥不易見到，最後，他念頭一轉，決定畫雞，因為雞是尋常家禽，而且羽毛也相當華美。伊藤若沖就在自家庭院養了十幾隻雞，每天觀察、寫生，幾年下來，終於練就了一手寫生的絕技。

他的代表作「動植綵繪」，共三十幅，前後約畫了十年，顧名思義，畫的全是花鳥蟲獸，是兩百多年前的作品，看起來還是美得不可思議，伊藤若沖幾乎不畫人物，但是他畫的動植物卻都有人的表情，「如同妖怪畫的花鳥畫」美術學者佐藤康宏如此形容。

更讓我好奇的是，伊藤若沖本人的身世，他終身未娶，對世俗所有的事物似乎都興趣缺缺，只是一直畫畫，畫到了八十五歲，從創作者的角度來說，應該是再幸福不過的人生了。

相較於伊藤若沖的平靜淡泊，另一位江戶時代畫家尾形光琳，人生的起落卻有相當的戲劇色彩。

和伊藤若沖一樣，尾形光琳也是生長在京都的商賈家庭，而且從事的是和服布料的生意，不但家境富裕，而且往來者不是權貴，就是文化人，因此尾形光琳從小就接觸各種珍奇工藝品，日後更通曉書畫與能樂，算是養尊處優的貴公子。

三十歲，因為父親過世，他繼承了大筆遺產，開始大肆揮霍，過起奢靡享樂的生活，直到四十歲，終把家產散盡，幾近破產，生活的壓力，讓尾形光琳不得不選擇畫師為業。

然後，前半生的放浪不羈，卻也讓尾形光琳累積了深厚的「美感經驗」，他將自己對構圖和配色的極佳品味，用於各種頂級工藝品的製作，包括了屏風、陶器、硯箱、團扇、紙牌。或許是因為從小在和服的錦繡堆中長大，尾形光琳的畫風華美端麗，成為日本裝飾藝術的代表人物，甚至開創了日本美術史上的「琳派」。

尾形光琳的一生，從繁華開始，以寂寥結束，只活到五十八歲的他，據說晚年一貧如洗，甚至不得不把兒子送給別人當養子。他和伊藤若沖，都是商人子弟，都是到了中年才成為畫家，人生際遇卻大不相同。

在京都，想看伊藤若沖、尾形光琳，或是其他「琳派」畫家的作品，就要去細見美術館。

由企業家父子檔細見亮市和細見實所創辦的細見美術館，收藏了許多平安時代的佛像、佛畫，以及江戶時代的畫作。不過，「細見」似乎不作常態的展示，而是採取不同檔期的主題展，未必每次都是若沖或「琳派」的作品，出發參觀前，最好先上官方網頁確認當時展覽的主題。

我在細見美術館時，看到的是「琳派」畫家鈴木其一的作品展，以花鳥畫為主。我發現，即使是最尋常的事物，在好畫家的筆下，總是能綻發出優美的線條和色彩，我端詳著畫面中的一花一草，驚訝於為什麼從來不知道它們如此美麗。

就像是「幸福的彼端」中，女主角走出傷痛後，以全新的眼光來注視身邊的事物，終於理解有能力看見世界的美，就是幸福。

細見美術館

地址：京都市左京区岡崎最勝寺町 6-3

交通：搭京都市巴士 31、201、202、203、206 號在「東山二条」下車往東徒步約 3 分鐘；5、32、46、100 號在「京都會館．美術館前」下車，往西徒步約 7 分鐘。

http://www.emuseum.or.jp/

MIHO美術館

山中桃花源

在MIHO美術館，我遇見了一幅地毯。

「動物文絨毯」，製作於十六、七世紀，長五百九十四點三公分，寬三百二十公分，原產於波斯，後來被掠奪到土耳其帝國，土耳其人出兵攻打波蘭時，為了宣揚軍威，帶著地毯隨行，卻不幸戰敗，於是地毯又成為波蘭貴族的戰利品，後來輾轉流傳到美國考古學家之手，如今收藏於MIHO美術館，靜靜地懸掛在我面前。

而我，一早從京都出發，先搭JR琵琶湖線，在石山站下車，再轉乘巴士，窗外的風景從市區、郊區到山林深處，耗時一個小時，才抵達MIHO美術館，站這幅地毯面

前。

表面上，只是一名遊客在美術館觀賞一幅地毯，然而，一旦想到兩者跨越了多少時間和空間的距離，才能彼此交會，這片刻的相遇其實無比珍貴。

我覺得，那正是旅行的魅力所在，我們跳離日常生活的路徑，千里迢迢地走向遠方的風景，或許只是因為命中注定要相遇。

美術館的目的，原本就是為了讓人們有機會和美的事物相遇，而MIHO美術館，甚至把「相遇」變成一場朝聖的儀式。

MIHO美術館不在京都，在鄰近的滋賀縣。

滋賀縣，面積不大，卻擁有日本最大的湖泊：琵琶湖。整個滋賀縣四周群山圍繞，而MIHO美術館就在南部的信樂山區域。

能夠在深山裡建造大型的私人美術館，工程浩大，必須仰賴厚實的財力，絕對不是一般企業所能負荷，MIHO美術館的出資興建者，即是日本知名的宗教團體「神慈秀明會」。

「神慈秀明會」是從昭和時代新興宗教「世界救世教」獨立出來的支派，由小山美秀子創立，本部就設在信樂山區，據說信徒規模已有三十五萬人。

「神慈秀明會」在教義上，非常強調「淨化」，對環境，提倡自然農法；對人心，則重視藝術鑑賞，而MIHO美術館可說是將自然與藝術巧妙地鑄融於一體。

MIHO美術館的設計者，是建築大師貝聿銘。

最初的機緣，是小山美秀子邀請貝聿銘為「神慈秀明會」設計鐘塔，而貝聿銘便以日本三弦琴的造型，設立了山裡的鐘塔。

由於小山美秀子本人和「神慈秀明會」，都有為數不少的藝術收藏品，於是有了興

MIHO美術館

地址：日本滋賀縣甲賀市信樂町桃谷300

交通：搭JR琵琶湖線到「石山」站，再坐帝產巴士的專車到MIHO美術館。

http://www.miho.or.jp/index.html

建美術館的念頭，便將任務交給前次合作愉快的貝聿銘，以小山美秀子的「美秀」兩字為美術館命名，也就是MIHO。

小山美秀子當初和貝聿銘溝通設計概念時，貝聿銘簡單地在紙上寫下了「桃花源」三個字，兩人雖然語言不通，卻都能理解這個概念，當場彼此會心一笑，而「桃花源」的意象，無疑地也相當符合「神慈秀明會」的教義精神。

所以，造訪MIHO美術館，你不只是參觀一座美術館，而是像陶淵明筆下的漁父，闖入一處與世隔絕的世外桃源。

「奧」，是日本空間美學的特色之一。

或是在深山裡的寺院，或是竹林盡頭的神社，你不能一目瞭然，也無法一蹴即成，而是先經歷曲折，才能到達目的地。「奧」，製造了空間上的「深度」。

MIHO美術館打造「山中桃花源」，便將「奧」的美學發揮得淋漓盡致。即使花了一個小時的車程，公車到站後，你只是到了接待中心，仍看不到美術館的蹤影。你得再從接待中心出發，走一小段山路，然後穿越一個白色的隧道，再通過一座橋，是的，終於到了MIHO美術館的主要建築。

誰說造訪桃花源，會是一件容易的事？

然而，美術館當初興建時困難重重，為了不傷害自然環境，選擇將美術館蓋在地底下，因此經歷了先鑿山、再補山的工程，在施工中挖開的樹木，最後都得按原位栽種回去，如此苦心孤詣打造的桃花源，要訪客稍微花一點功夫才能親近，絕對也是合情合理。

貝聿銘的設計作品中，以羅浮宮的玻璃金字塔最廣為人知，MIHO美術館也有類似的玻璃天窗設計，陽光從天窗和大片落地窗照進來，襯著石灰牆壁，清澈透明的氛圍，的確讓人感到宛如置身在神殿中。

在多數的美術館，你可能買張門票進場，走馬看花地待上一個鐘頭，然後再去趕下一場行程，但是在MIHO美術館的「奧」，讓你無法來去匆匆，既然難得來一趟，不如就留久一點，於是再三徘徊流連，藝術品看累了，就去眺望窗外的山林景色，腦袋放空放夠了，再回到展覽室。

館內的收藏品不少，但是我更感激的是，館方為導覽耳機製作了相當生動的內容，每一段介紹開始之前，必先安排相關的主題音樂，再透過一男一女問答的方式進行介紹，冰冷的藝術品便有了溫度。

像是這幅「動物文絨毯」，乍看之下，也不過就是一幅巨大的地毯，但是我聽著導覽，漸漸瞭解了地毯過往的身世，看懂了上頭每一種花紋的意義，那幅地毯開始向我傳遞訊息。於是，我看到了地毯的美。

而美的本身，正是一處桃花源。

河井寬次郎紀念館

陶藝大師的真面目

站在河井寬次郎紀念館門口，我曾經有片刻的遲疑。看起來，跟尋常的民家建築沒兩樣，小小窄窄的門面，沒看到遊客進出，雖然外牆上掛了招牌，還是擔心自己可能誤闖進別人家客廳。

終於下定決心，拉開門，沿著玄關往前走，才發現門裡別有洞天，不但有寬敞的廳堂，還有庭園，甚至還有一座階梯式的陶窯。

河井寬次郎是誰？

他是昭和時代的陶藝家，並且精通雕刻、設計、書法、詩詞、隨筆寫作。

第一次看到這個名字，是在日本作家木村衣有子的書中，她引用了河井寬次郎寫過的幾句話，讓我眼睛為之一亮。

「生活即工作，工作即生活。」

「想要發現全新的自己，就去工作。」

「在工作中發現自我，為了尋找自我而工作。」

非常簡單、直接、樸實無華的言語，卻是千錘百鍊的人生智慧，當然，若是能夠像河井寬次郎一樣，找到一份可以發現自我的工作，無疑是非常幸福的人生。

河井寬次郎的陶藝作品，跟他的文字一樣，充滿了素樸的美。

出身於工匠家庭的他，選擇走上陶藝這一行，然而，並不是循著傳統的師徒制路線，而是進入專業技術的學校體系，除了接受陶藝家的指導，也從事窯業的科學研究，畢業後，他待過研究機構、也在老字號的陶器工廠擔任技術顧問，後來便自立門戶，生產自己的作品。

受過專業訓練的他，成功很快就來敲門。在他三十一歲那年，知名百貨店高島屋在東京和大阪舉行了「創作陶瓷展覽會」，河井寬次郎的作品也在其中展出，他從中國、朝鮮的陶瓷名作汲取靈感，加上本身對技術的高度掌握力，在展覽會中一鳴驚人，雖然外界好評如潮，河井寬次郎反而對自己的作品感到不滿。

偶然間，他參觀了「朝鮮民族美術展」，見到民藝理論家柳宗悅所蒐集的朝鮮陶瓷，那些不知名陶藝家所製作的作品，深深打動了河井寬次郎，也對他帶來衝擊。他回頭檢視自己的創作，覺得徒具外表，既無內涵，也無靈魂，毅然選擇歸零，以製作日常實用的陶器，作為未來創作的方向。

華美與素樸，一直是日本文化的兩種面貌，華麗到了極點，又轉向返璞歸真，似乎也成了不變的定理。

明治時代之後，日本的陶瓷工業也進入了新的境界，一方面是從西方引進了新技術和新釉料，另一方面，由於明治政府參加了萬國博覽會，展出江戶時代傳統工藝品，獲得好評，引發西方人士的「東洋趣味」，當然也帶來了商機。當時的陶瓷產業便是以外銷為主，華麗精緻是主流風格。

從大正時代到昭和時代，則又有「民藝運動」的潮流出現，提倡另一派美學價值觀。「民藝」，即「民眾工藝」，靈魂人物就是理論家柳宗悅，他認為工藝品真正的美學價值，不是擺在櫥櫃中供人欣賞，而是能夠跟平民百姓的日常生活緊密結合，「民藝運動」所設下的價值標準，包括了手工製作、實用性、民眾性、地方生產，而且是多數人都可以使用等原則。

河井寬次郎，正是「民藝運動」的重要實踐者。

河井寬次郎紀念館，曾經是他的住家和工作室，目前由他的女兒和孫女負責管理。傳統日式建築的老房子，兩層樓高，地板、家具、擺飾，全都是木製品，質感十分厚實。一樓還有地爐，屋樑垂下鉤子，掛起一只金屬茶壺，眼前立刻浮現一幅冬夜圍爐的溫暖畫面。

館內當然也展示了河井寬次郎的陶藝作品，但是此地最迷人之處，還是空間。你可以隨興地遊走在屋子裡的各個角落，坐在河井寬次郎坐過的椅子，眺望他駐足過的庭園，甚至親手感受那座陶窯，想像河井寬次郎在這裡完成一件件心血結晶。屋子裡甚至還有一隻貓，或是在廊下懶洋洋地睡午覺，或是跑來跟遊客撒嬌，河井寬次郎已辭世近半世紀，那當然不會是他養的貓，卻讓整個空間帶來流動的「生活感」。

我也很喜歡館內的花藝作品，都是尋常人間庭園裡看得到的小花小草，簡單地插在瓶中，卻充滿韻味，很像是河井寬次郎的創作哲學——美，就在日常生活的事物之間。

走向「民藝運動」的河井寬次郎，造訪各地的陶藝師傅，從實用為出發點，以簡單的造型，融合釉藥的技術，創作素樸風格的陶藝品，雖然不以華美為訴求，卻更受到矚目。

不過，河井寬次郎似乎從不在意外界的評價，只是全心全意地投入創作之中。晚年的他，拒絕了官方頒發的文化勳章，也辭退了藝文界人士推舉他成為「人間國寶」的殊榮，以無位無冠、一介陶工身分，活到了七十六歲。

「此生，是為了發現自己而來；此生，是為了與自己相見而來。」這也是河井寬次郎留下來的句子，對他來說，終其一生守候著熾熱的陶窯，烈火焠煉的不只是陶器，也是他自己。

河井寬次郎紀念館

地址：京都市東山区五条坂鐘鋳町 569

交通：搭京都市巴士 206、202、207 號在「馬町」下車，徒步兩分鐘。

http://hcn.plala.or.jp/fc211/sagi/

大山崎山莊美術館

留得枯荷聽雨聲

在大山崎山莊美術館，我站在莫內的睡蓮系列畫作前，腦海裡突然浮現了李商隱的詩句。

留得枯荷聽雨聲。

據說莫內晚年時，視力日漸衰退，幾近失明，但他仍然堅持作畫。在他筆下，已經看不到具體的睡蓮，只是在一片陰鬱的藍和綠之中，幾抹顫動的紅與白。然後，正是當芳華落盡，卻萌生幽暗的詩意，彷彿眼前漫開一片秋季荷塘，暮色籠罩，光線朦朧，空氣中有清冷的濕氣。

雨，似乎就要開始落下來。

大山崎山莊美術館，有兩位靈魂人物。

第一位是昭和時代企業家加賀正太郎，因為家境富裕，曾經到英國留學，並經常到歐洲旅行，是當時少數登上阿爾卑斯山脈的日本人。返回日本後，他仍然保持英式的生活風格，特別是難忘在溫莎城堡時眺望泰晤士河的風景，於是他就在木津川、桂川、宇治川三條河流匯集的大山崎，建造了他的英式山莊。

加賀正太郎過世後，山莊幾經轉手，還一度成為俱樂部式的餐廳，因為年代久遠，房屋老朽，在日本泡沫經濟時期，營建業者決定拆掉房子，開發成為住宅區。當地住民認為此舉將嚴重破壞地方生態，昔日風貌也會蕩然無存，提出反對意見，最後在地方人士的穿針引線下，由朝日啤酒做企業認養，對大山崎山莊進行保存、修復的工程。

巧合的是，朝日啤酒的第一任社長山本為太郎，正是加賀正太郎的好友。

山本為太郎是企業家，本身也是藝術愛好者，他曾經大力支持昭和時代的「民藝活動」，蒐集了許多古陶瓷和工藝品，如今成為館內的展示品。大山崎山莊美術館在一九九六年開幕，以加賀正太郎的山莊為硬體，以山本為太郎的收藏為軟體，兩位企業家在世時可能都沒想到，日後竟然還可以衍生出這樣的合作關係。

在大山崎山莊美術館，空間，也是一種「展示品」。「我等和室之美，其要素無非在於這間接又迂徐的光線，為了讓這纖細、靜寂又虛無縹緲的光線，靜靜地停下腳步，好沁入和室壁內，我們特意在和室砂壁上塗上暗色系的顏色。」作家谷崎潤一郎在《陰翳禮讚》（陰翳礼讃）中，大談日本建築空間中的「陰翳」之美，正因為有明和暗，空間才有層次。

大山崎山莊美術館是英國風的建築，其實也有類似的情調，屋子裡一逕是深棕色木

製西式家具，鋪著厚實的地毯，燈光昏黃，窄窄的樓梯通向二樓，角落裡擺著一只自鳴鐘，每天固定某幾個時段會有音樂響起。待在這樣的屋子裡，總是會以為自己來到了《傲慢與偏見》的拍攝現場，或是日裔英籍小說家石黑一雄的《長日將盡》，西裝畢挺的管家會準時地送上下午茶，然後靜靜地退到屋子深處，等待主人再次發出指令。

當年，在這裡，加賀正太郎一定享受過英國紳士的生活，當他眺望著窗外的風景，閒閒地啜了一口紅茶，應該沒有預料到，這間宅子後來竟是命運多舛，甚至差一點就遭到拆毀，這般身世，似乎又替整個空間，添增了些許陰鬱的情調。

相較於本館懷舊的英國風，大山崎山莊美術館的新館，則是現代感十足，散發出另一種清冷的「陰翳」美感。

新館找來了以「清水混凝土」聞名的安藤忠雄設計，而館內展示品，是以朝日啤酒所收藏的莫內睡蓮系列畫作為主。

你走下長長的階梯，進入一個圓型的展示空間，上方開了天窗，讓自然光落進室內，不同的時間點，光線的強弱不同，也就影響了你觀看畫作的感受。安藤忠雄的設計，提醒你光線的變化，正是跟莫內的創作原理相互呼應。

我在大山崎山莊美術館的那個午後，是個陰天，新館展示間的光線也稍微偏暗，然而，正是因為這樣的「陰翳」，我彷彿更貼近了晚年莫內眼中的那片光影混沌的睡蓮池。

除了本館、新館，在大山崎山莊美術館，還有一座庭園，園中也有睡蓮池。

當我要離去之前，曾經在庭園中流連徘徊，捨不得離開，時節已是秋末，池中當然只有零星的殘葉，然後，正是當芳華落盡，卻萌生幽暗的詩意，暮色籠罩，光線朦朧，空氣中有清冷的濕氣。雨，似乎就要開始落下來。

於是，又想起那句詩。

留得枯荷聽雨聲。

大山崎山莊美術館

地址：京都府乙訓郡大山崎町字大山崎小字銭原 5-3

交通：搭 JR 京都線在「山崎」站下車，徒步約十分鐘。

http://www.asahibeer-oyamazaki.com/

平安風流

源氏物語

美麗與哀愁

幾年前，我曾經發憤圖強，想要好好拜讀林文月教授翻譯的《源氏物語》。坦白說，林教授的譯筆相當典雅精美，然而，我總是讀不了幾個章節，就敗下陣來。

原因，在於慢。

那麼文謅謅地描述平安時代貴族的生活細節，連談場戀愛，也是極其曲折迂迴，男方先寫和歌表達傾慕，女方再回和歌表示心意，一來一往，字裡行間，往往又是意在言外，欲言又止，真是夠折騰人了。

直到我走進宇治的「源氏物語博物館」，第一眼看到的展示品，是裝飾華麗的牛車，才恍然大悟，難怪會這麼慢，那個時代的人，可是坐著牛車去談戀愛。

因為慢，戀愛中的種種感受，不論是焦慮、渴望、喜悅、妒嫉、失落、寂寞、哀怨，都被清楚地放大，你輾轉反側、食不知味，心頭時而熱得如火，時而冷得像冰。

因為慢，才能成就纏綿。

《源氏物語》是愛情小說，講的是男主角光源氏和一千女子糾纏的情事，共五十四帖，最後十帖，光源氏已死，改由光源氏的兒子薰（其實是源氏正妻和外人的私生子），以及外孫勾宮，和孤女浮舟大談三角戀愛，因為場景拉到宇治，所以又稱為「宇治十帖」。

就像《紅樓夢》，《源氏物語》的價值不只是「言情」。作者紫式部身為權臣藤原道長的家庭教師，對於奢華的貴族生活有第一手的觀察，她以纖細典雅的文字，細膩地記錄了當時人們的飲食、穿著、居住空間、日常器具、節令行事，道盡了平安時代的優雅和風流。

日本歷史上，平和期間最長的是江戶時代，其次便是平安時代。生活在太平盛世的貴族們，有錢有閒，又有一定的文化涵養，自然就在生活中編排出很多附庸風雅的名堂。

比方像「住」，平安貴族住的建築風格，稱為「寢殿造」，居住空間呈コ字型，開口的那一面朝向庭園，隨時可以欣賞庭園中四季變化之美。當時，室內並沒有「隔間」，為了要畫分出私密的空間，開始使用了屏風、几帳、紙拉門，而這些家具當然也必須具備美感，於是以繪畫作為裝飾，日後演變為日本很獨特的繪畫形式。

平安時代的另一項成就，便是把色彩變成一門學問。過去，色彩的名稱，多半襲自染料，從平安時代，開始以自然景觀作為命名的發想，於是有櫻色、紅梅色、撫子色、柳色、若草色、萌黃、香色，枯色、朽葉色，每個名稱背後彷彿都有一幅季節的小風景。

這種色彩概念的演化，進一步發展成不同配色的組合，稱為「襲的色目」。比方說，表層是白色，裡層是薄紅色，就是「白梅」；表層是綠，裡層是薄紫色，則是「葵」。

不同組合，都呼應了四季的變化，成了平安時代女性穿著配色的依據。

當時女性的正式服裝稱為「十二單衣」，披披掛掛十二件，又有嚴謹的配色規則，光是穿衣服，恐怕就要耗掉不少時間了。讓一件原本應該是最簡單的事，充滿了極其繁複瑣碎的細節，正是平安時代下，「慢的美學」。

在宇治，有一座「源氏物語博物館」（源氏物語ミュージアム）。館內的展示品有源氏居住的六條院模型、平安時代的服飾、牛車，還會搭配展示相關的繪卷、抄本，算不上太豐富。我猜，館方大概自知內容稍嫌單薄，為了增加可看性，便將「宇治十帖」拍成影片，入館參觀者可免費觀賞。

據說之前的版本是木偶戲「浮舟」，現在已改為真人版的「橋姫」，主角都是俊男美女，場景考究，服飾華麗，情感糾葛也夠蕩氣迴腸，女主角面對兩名男子的追求，難以取捨，選擇投河自殺，最後選擇出家為尼，遁入空門成了無解愛情的唯一出路。

在京都市區，另有一座以《源氏物語》為主題的「風俗博物館」，基本上是一座大型的娃娃屋，人偶穿著平安時代的裝束，根據不同的季節主題，重現當時的生活實況。「風俗博物館」規模不大，位於公寓房子的五樓，樓下是佛具店，至於館方的工作人員，就我所見到，都是「媽媽型」的中年婦女，很客氣，但是很難讓人聯想到《源氏物語》，我總覺得，博物館所營造的唯美氛圍和整個現實環境，似乎有點格格不入。

我甚至忍不住想像，或許到了午夜，整座大樓空無一人，原本闃黑的博物館，突然有燈火亮起，那是平安時代的燈火，而人偶們紛紛從時光的魔咒中醒來，繼續上演千年前未完的愛恨情仇。

宇治市源氏物語ミュージアム
地址：京都府宇治市宇治東內45番地26
交通：搭JR奈良線在「宇治」站下車，徒步約十五分鐘
http://www.uji-genji.jp/

京都風俗博物館
地址：京都市下京区新花屋町通堀川東入井筒洗衣店5F
交通：搭京都市巴士9號在「西本願寺前」下車，徒步約三分鐘。
http://www.iz2.or.jp/

私房感官

京都喝茶

共飲一杯綠

宇治。今朝有雨。

我望著玻璃窗外，灰雲低垂，細雨橫掃宇治川，好慶幸自己及早躲進茶室，避開風吹雨打，神閒氣定地喝一杯茶，待雨停，再上路。

望著茶杯裡緩緩升起的熱氣，我的思緒也跟著飄渺，突然間，有了體悟。

原來，茶，也是一座小庭園。

首先，庭園種植草木，吸收水分、承受陽光，在土壤中生長；而茶，陶土燒製的杯子裡，沸水中浮載著茶葉的香氣，都具備了木、水、火、土等元素。

其次，庭園是將大自然移植到人工的環境中，當你站在庭園中，腳踩著泥土，綠意映入眼簾，草木清香撲鼻，整個人宛如返回自然環境中；而喝茶，飲下的其實是茶葉中飽含的日月精華，也是一種和大自然接軌的方式。

最後，庭園和茶，都代表了「憩」，觀賞庭園和喝茶時，你都必須放下腳步，靜下心，細細品味，才能感受其中的美，甚至，獲得身心的洗滌。

所以我說，茶，也是一座小庭園。

京都，因為附近有產茶勝地宇治，喝茶，已經是延續千年的生活習慣。

喝一碗茶湯，藏了太多學問，所以稱「茶道」，因為「道」是一條沒有盡頭的路。茶，也是「心」的體現，用心與否，茶湯的滋味說明了一切。

擅長寫時尚事物的日本作家光野桃，曾經在文章中描寫過一段往事。從小就嚮往成為編輯的她，得到了一份在雜誌社工作的機會，不過，身為新人，泡茶的工作就落到她身上。年輕的光野桃認為，她是來當編輯，又不是來打雜，心裡很不是滋味。

多年來，她自己當了老闆，泡茶自然就是助理的工作。某天，她偶然聽見，助理打電話請教茶葉廠商，茶要怎麼泡才會好喝，在那一瞬間，光野桃突然就懂了，新人學習泡茶正是職場最基本的修煉，連泡茶都泡不好的人，當然也很難期待他做事嚴謹、做人體貼。

茶之心。不論是織一件和服、畫一面扇子、燒一只茶碗、做一枚和果子，或是造一件家具、蓋一間宅子、建一座庭園，都是從泡好一杯茶的態度出發，而這也成就了京都整座城市的風華。

傳統的茶道，意境深遠，規矩多，「道具」也不少，比較像是文人雅士的美感修行。倒是便利商店的瓶裝茶飲，隨手可得，立即可以解渴，更貼近一般人的日常生活。

在京都，我經常喝的瓶裝茶飲，是三多利出品的伊右衛門。

起初是被伊右衛門一系列的廣告所吸引，俊美的本木雅弘和清麗的宮澤理惠，穿著傳統和服，隨著季節更替，演出一幕幕庶民生活的風情畫。比方說，在秋季推出的玄米茶，久石讓的音樂悠悠響起，鏡頭是丈夫站在庭園中，身後是染著秋意的芒草和柿樹，他深情地望向逗弄孩子的妻，妻向他嫣然一笑，秋日的青空中，柿樹上正結實累累。

後來讀了《伊右衛門為何熱賣》（なぜ、伊右衛門は売れたのか。），才知道這款茶的成功，不只是廣告製作精美而已。

以酒精飲料起家的三多利，近年來也積極進攻茶飲市場，曾經大膽推出一款瓶裝普洱茶，遭到銷售上的大失敗，但是研發團隊再接再厲，找來京都百年茶舖福壽園合作，終於一炮而紅。伊右衛門，即是福壽門第一代經營者的名字。

於是，伊右衛門不只是一款茶飲，更是一種傳統文化的象徵，一系列廣告片也以此為核心，娓娓訴說伊右衛門一家人生活的點點滴滴。

我更驚訝的是，這款茶誕生過程中的曲折。研發團隊的負責人為了讓成員瞭解產品的「精神」，特別帶他們去京都的寺院坐禪；當初邀約福壽園合作，也遭到婉拒；為了讓生產出來的茶飲保存最佳的茶的風味，又兼具解渴的效果，研發團隊煞費苦心尋求解決之道；瓶身設計仿造竹子，希望能帶給消費者清涼感，但是放進自動販賣機時，高度會出現問題，又得反覆修改。

而我覺得，最難可貴的是，這組研發團隊在前一款普洱茶飲中，投入不少成本，卻創下有史以來最差的銷售紀錄，三多利公司仍願意信任他們，繼續交付重責大任，顯見

這家企業的大氣。

即使在瓶裝茶飲中，也深藏著「茶之心」。

離開京都前，我還想喝茶。

於是去了妙心寺的桂春院，地方不大，遊客零星，卻有一處幽靜的庭園。我點了一份抹茶，附紅豆餡和果子，坐在廊下，眼前是庭園，手心裡捧的茶，也是座小庭園。

緩緩喝下抹茶，口感細緻綿密，旅途的勞頓也一掃而空。

喝茶，是為了走更長的路，是世間有形的路，也是人生無形的路。

妙心寺桂春院

地址：京都府京都市右京区花園寺の中町 11 番地

交通：搭 JR 嵯峨野線「花園」站下車。

http://www.myoshinji.or.jp/index.html

參考文獻

おひとり京都の愉しみ　光文社 2009

京都 格別な寺　光文社 2005

京都の空間意匠　光文社 2009

京都名庭を歩く　光文社 2004

京都のこころ A to Z　ポプラ社 2004

京都美學鑑賞入門　筑摩書房 2009

なぜ、伊右衛門は売れたのか。　日本經濟新聞出版社 2009

日本の美意識　光文社 2008

仏像は語る　光文社 2005

私の古寺巡 京都【上】　淡交社 2010

私の古寺巡 京都【下】　淡交社 2010

伊藤若冲 生涯と作品　東京美術 2006

長谷川等伯 生涯と作品　東京美術 2010

品京都

2010年9月初版　　定價：新臺幣360元
2013年11月初版第二刷

著者	謝其濬
攝影	謝其濬
總編輯	胡金倫
發行人	林載爵

出版者	聯經出版事業股份有限公司	叢書主編	林芳瑜
地址	台北市基隆路一段180號4樓	編輯	林亞萱
編輯部地址	台北市基隆路一段180號4樓	美術設計	劉亭麟
叢書主編電話	(02)87876242轉221		
台北聯經書房	台北市新生南路三段94號		
電話	(02)23620308		
台中分公司	台中市北區健行路321號1樓		
暨門市電話	(04)22312023、(04)22302425		
郵政劃撥帳戶第0100559-3號			
郵撥電話	(02)23620308		
印刷者	文聯彩色製版印刷有限公司		
總經銷	聯合發行股份有限公司		
發行所	新北市新店區寶橋路235巷6弄6號2F		
電話	(02)29178022		

行政院新聞局出版事業登記證局版臺業字第0130號

本書如有缺頁，破損，倒裝請寄回台北聯經書房更換。　ISBN　978-957-08-3683-7 (平裝)
聯經網址 http://www.linkingbooks.com.tw
電子信箱 e-mail:linking@udngroup.com

國家圖書館出版品預行編目資料

品京都/謝其濬著・攝影．初版．臺北市．聯經．
2010年9月（民99年）．240面．14.8×21公分
ISBN　978-957-08-3683-7（平裝）
[2013年11月初版第二刷]

1.旅遊文學　2.日本京都市

731.75219　　99017382

HONDA
The Power of Dreams
SHINE WITH ELEGANCE
閃 耀 新 未 來
有型，是你獨一無二的樣子。躍動，綻放你最自由的姿勢。用屬於自己的光芒，閃耀全新未來。New CR-V 誕生。
■融合力量與優雅的新設計美學，實現新世代進化外型
■2.4L 2WD全新級距，開啓未來新動力
■搭載定速巡航系統，盡享自由奔馳樂趣
New CR-V 2.0/2.4 i-VTEC
2.0VTi 2WD 81.9 萬元 2.0VTi-S 2WD 86.9 萬元 2.4VTi 2WD 91.9 萬元 2.4VTi-S 4WD 100.9 萬元
2.4L 2WD 同步新登場
Honda Cars
汐止 02-26472525 仁愛 02-27019559 北投 02-28981919 松山 02-25708811 濱江 02-25020100 內湖 02-26583966 文山 02-66286658 南港 02-27887979 大安 02-27016009 永和 02-29220908 中和 02-22210258
板橋 02-22555859 三重 02-89881848 新莊 02-85225030 輔大 02-66357000 土城 02-82622000 新店 02-22112222 經國 03-3269999 桃園 03-3479999 中壢 03-4335678 楊梅 03-4884567 竹北 03-5516076
竹東 03-5824218 新竹 03-5726699 頭份 037-626696 苗栗 037-372088 北台中 04-22417758 中台中 04-22557755 南台中 04-23382255 西台中 04-23121689
沙鹿 04-26630322 大里 04-24872255 太平 04-22153001 草屯 049-2325299 彰化 04-7331678 花壇 04-7877966 斗南 05-5953636 嘉義 05-2771357
永康 06-2535757 歸仁 06-2395555 西台南 06-3506788 東台南 06-2600678 左營 07-3502655 大順 07-3852655 九如 07-8626888
前鎮 07-3331536 民族 07-2298800 鳳山 07-7252140 屏東 08-7552000 宜蘭 03-9289800 羅東 03-9558889 花蓮 03-8539966
台灣本田股份有限公司 Honda Taiwan Co.,Ltd.
地址：台北市民生東路三段69號13樓
全方位顧客服務專線：0800-666-789
www.honda-taiwan.com.tw
HONDA